KATHLEEN MURRAY

TAINE
UND DIE ENGLISCHE ROMANTIK

MÜNCHEN UND LEIPZIG / 1924
VERLAG VON DUNCKER UND HUMBLOT

Alle Rechte vorbehalten

Piersche Hofbuchdruckerei
Stephan Geibel & Co.
Altenburg (Thür.)

TO
PROFESSOR DR. CARL SCHMITT
AT BONN AM RHEIN

THIS LITTLE BOOK IS DEDICATED

VORBEMERKUNG.

Der große französische Kritiker, dessen Urteile über die englische Romantik hier analysiert werden sollen, hat mit seiner englischen Literaturgeschichte eines der wichtigsten Dokumente internationalen europäischen Geistes geschaffen. Als Taine sein Werk schrieb, war die geisteswissenschaftliche Verbindung zwischen Frankreich, England und Deutschland noch nicht gestört, und Internationalismus bedeutete mehr als nur Handelsbeziehungen und ökonomische Interessen. In der engen Vereinigung nationalen Wesens — denn Taine blieb doch immer Franzose — mit europäisch-internationaler Geistigkeit liegt der große Reiz der literarischen Urteile Taines, besonders bei einem Gegenstand von so typisch englischer Eigenart, wie es die sogenannte englische Romantik ist. So dürften gerade diese Abschnitte seiner englischen Literaturgeschichte der Schnittpunkt verschiedener geistiger Tendenzen sein und infolgedessen ein besonders geeignetes Objekt einer Analyse. Es wird sich zeigen, daß die Bewertungen Taines von verschiedenen Gesichtspunkten ausgehen, aber immer die soziologische Vorstellung der zu einem Kunstwerk gehörigen „Gesellschaft", also das Publikum, den französischen Kritiker am meisten interessiert. Dadurch vermengt sich das Urteil über das Kunstwerk mit dem Urteil über das Publikum. Trotz seines großen künstlerischen Gefühls bleibt Taine doch immer ein Historiker, dem auch die Kunst nur als soziales Symptom wichtig ist. Große Widersprüche und Unstimmigkeiten in der Bewertung erklären sich daraus, daß der Kritiker und Historiker in sich selber alle die widersprechenden Tendenzen seiner Zeit vereinigt. Aber es liegt durchaus im Geiste seiner eigenen Art wissenschaftlichen Ernstes, ihn selbst und seine Urteile in derselben Weise zum Gegenstand einer Kritik zu machen, wie er andere Leistungen zu kritisieren wußte. Taines große Bedeutung bleibt dadurch unangetastet. Er bleibt auch in dieser Zusammenfassung widersprechender Richtungen einer der großen symbolischen und repräsentativen Männer des 19. Jahrhunderts.

Sydney, Oktober 1922.

Dr. KATHLEEN MURRAY.

INHALTSÜBERSICHT.

                                                          Seite

Einleitung 1

Erster Teil:
Taines Darstellung der englischen Romantik.

I. Das erste Kapitel des IV. Buches der englischen Literaturgeschichte 12
    1. Die Einleitung. 12
    2. Burns 14
    3. Cowper 16
    4. Die englische Romantik 18
        a) Die historische Richtung 18
        b) Die philosophische Richtung 22
II. Byron 25
III. Taines weitere Urteile über die englische Romantik (Schlußkapitel des IV. Buches und V. Buch der englischen Literaturgeschichte) 30

Zweiter Teil:
Die leitenden Gesichtspunkte der Darstellung Taines.

I. Die Verbindung ästhetischer und soziologischer Betrachtungsweise, vermittelt durch das Interesse am Publikum 35
II. Taines Kriterien in ihrem Einfluß auf seine Darstellung . . . 43
    1. Das Ideal von Energie und Leben 43
    2. Die Idealvorstellung vom Dichter 49
    3. Das politische Ideal 53
    4. Das wissenschaftliche Ideal 57
III. Folgen der Verschiedenartigkeit der Idealvorstellungen . . . 60
    1. Der Widerspruch zwischen dem Schluß des Kapitels über Byron und dem des Kapitels über Tennyson 60
    2. Unklarheiten im Begriff der Romantik 64
    3. Die Typen des Engländers und des Bourgeois 67
Schluß 75

EINLEITUNG.

Die große literarische Bewegung, die seit dem Ende des achtzehnten Jahrhunderts durch alle europäischen Nationen geht und unter dem gemeinsamen Namen Romantik zusammengefaßt wird, weist sowohl in ihrer geistigen Struktur wie in ihren Zielen und Interessen große Verschiedenheiten auf. Ihre Bezeichnung mit einem gemeinsamen Namen ist begründet durch den gemeinsamen Gegensatz zum Klassizismus; aber dieser Gegensatz kann nicht in allen Ländern dieselbe Sache betreffen, weil nicht alle Länder in gleicher Weise eine klassische Epoche gehabt haben. Nur in einem Land, wo die Vorstellungen vom Klassischen eindeutig und fest sind, kann die Opposition gegen das Klassische eine feste Richtung und ein klares Ziel haben. Das ist in Frankreich der Fall, wo die im eminenten Sinne klassische Epoche unter Ludwig dem XIV. mit einer Zeit politischer Macht und Größe zusammenfiel. In anderen Ländern bleibt der Gegensatz unklar. Die ungeheure Zahl der Definitionen des Romantischen hat oft zum Spott gereizt. Schon 1825 klagte man ironisch: „On a déjà tant de fois défini le romantisme [1]." Vor allem in Deutschland ist der Gegensatz zum Klassischen unklar, weil das, was man als deutsche Klassik bezeichnet — Lessing, Herder, Goethe, Schiller — selbst wieder starke antiklassische Tendenzen enthält, zum Teil aus dem „Sturm und Drang" hervorgegangen ist und unter dem entscheidenden Einfluß von Rousseau steht [2]. Die merkwürdige Erscheinung, daß sich Romantiker gerade für klassi-

---

[1] Emil Deschamps, zitiert in dem Aufsatz von Alexis François „Du Romantique ou Romantisme", Bibliothèque Universelle et Revue Suisse. Lausanne, Sept. 1918. S. 375.
[2] So erklärt sich vielleicht die Bemerkung von Sainte-Beuve: „je ne me figure pas qu'on dise: les classiques allemands." Cahier, S. 108.
1 Murray.

sche Dichter begeistern, wiederholt sich in Deutschland und England. Die Führer der ersten deutschen Romantik, die Brüder Schlegel und Tieck, schwärmen für Goethe und erklären ihn für den ersten deutschen Künstler. Byron bewundert Pope als den größten englischen Dichter. In beiden Ländern fehlt es an einer klassischen Tradition, wie sie in Frankreich bestand.

Die Entwicklung der romantischen Bewegung in slawischen Ländern beweist am deutlichsten, wie sehr es der Gegner ist, der die Auffassung bestimmt und wie das Fehlen eines Gegners die Richtung auf das Allgemeine und Grundsätzliche verändert. Die russische Romantik der jungen Slawophilen von 1820 ist von Masaryk dargestellt worden [1]). Ihre Vertreter Kiriejewski, Chomjakoff, Aksakoff waren von der deutschen Romantik und von Schelling beeinflußt. Sie standen aber nicht einer einheimischen Klassik gegenüber, sondern bekämpften prinzipiell die ganze westeuropäische Zivilisation als etwas Künstliches, Unnatürliches und Unrussisches. Dadurch rufen sie zum Teil erst eine eigene nationale Literatur hervor. Auch die tschechische Literatur ist unter dem Einfluß der deutschen Romantik und ihres Interesses an Volksliedern und Sagen durch Jan Kollàr wiedererweckt worden. Für den Gegensatz von Klassik und Romantik wäre hier überhaupt kein Platz gewesen.

Entsprechend der Verschiedenheit dieser historischen Voraussetzungen sind auch im übrigen die Interessen und die Tendenzen der Romantik in den verschiedenen Ländern verschieden. Im mittleren und östlichen Europa, in Deutschland östlich der Elbe und in Rußland ist die Romantik eine ausgesprochen nationale Bewegung. Sie kehrt nicht, wie die Renaissance, zur römischen oder griechischen Antike, sondern zur eigenen nationalen Vergangenheit zurück. In Westeuropa verstand sich das Nationale von selbst. Daher hat die französische und die englische Romantik einen viel geringeren nationalen Einschlag als die deutsche. Besonders die englische Romantik trägt zum Teil kosmopolitisches Gepräge. Bisweilen entwickelt sich in ihr sogar ein offener Gegensatz zum Nationalen, wie bei Shelley und Byron, der mit dem Pa-

---

[1]) Rußland und Europa, Studien über die geistigen Strömungen in Rußland, Jena 1913.

triotismus anderer englischer Romantiker (Wordsworth und Southey) in einem auffälligen Widerspruch steht.
Zu diesen Verschiedenheiten, die sich einer vergleichenden Betrachtung der romantischen Bestrebungen auf den ersten Blick aufdrängen, kommen aber noch die zahllosen anderen Schwierigkeiten, die das Problem der Romantik verwirren. So kompliziert wie das romantische Subjekt, so bunt und mannigfaltig sind die von der Romantik bevorzugten Themen. Insbesondere kommt die romantische Rückkehr zur Vergangenheit und die Wiederbelebung alter Zeiten den verschiedenartigsten Vergangenheiten zugute: dem griechischen Altertum bei Hölderlin, Shelley und Keats; dem Orient bei deutschen Romantikern, bei Oehlenschläger (Aladdin), Southey (Thalaba), Moore (Lalla Rookh) und später bei Victor Hugo (les Orientales); dem Mittelalter bei Wackenroder, Tieck, den Brüdern Schlegel und Novalis, bei Chateaubriand und Walter Scott; dem biblischen Altertum, den Psalmen, dem Neuen Testament usw. Alle diese verschiedenartigen geschichtlichen Welten hat die romantische Begeisterung mit gleicher Inbrunst belebt.
Von vielen Richtungen her treffen die Elemente zusammen; literarische, kulturelle, politische und soziale Gegensätze verbinden sich zu einer widerspruchsvollen Mischung. Die Literatur einer Epoche ist häufig ein geeignetes Mittel, um tieferliegende Bewegungen zu erkennen. Insbesondere ist es Taine, der die Literatur als solches Mittel der Erkenntnis benutzt. „C'est principalement par l'étude de la littérature que l'on pourra faire l'histoire morale et marcher vers la connaissance des lois psychologiques[1])." Alles in der Literatur kann wenigstens den Wert eines bedeutungsvollen Symptoms haben. „Des nouveautés poétiques dont il semblait aux attardés que ce n'étaient qu'amusettes de jeunes oisifs, rendaient compte à leur façon de transformations profondes de la pensée européenne[2])." Aber dieselbe Feinheit des Empfindens, die aus der Literatur ein hervorragendes Werkzeug der geschichtlichen Erkenntnis macht, verhindert häufig eine genaue Berechnung. Das ist am meisten der Fall bei der roman-

---

[1]) Histoire de la littérature anglaise, Introduction.
[2]) Baldensperger, La littérature, L. II, chap. 1.

tischen Seelenhaltung. Sie reagiert oft auf den geringsten Reiz mit derselben Intensität wie auf bedeutungsvolle Ereignisse; sie kompliziert das Primitive durch ihre Neigung zum Ironischen und Paradoxen; sie treibt den Geist des Widerspruchs gegen den Klassizismus bis zum Widerspruch gegen sich selbst und erzeugt dadurch so auffällige Kundgebungen, wie das übertriebene Lob, das Byron dem Klassizismus von Pope gesungen hat.

In der englischen Romantik scheinen alle Widersprüche des Romantischen zu einem bewegten Bild vereinigt. Die Seeschule und Byron, der gesunde Menschenverstand von W. Scott und die vibrierende Sensibilität von Keats, die solide Moralität von Wordsworth und der wilde Protest gegen alles Bestehende bei Shelley, politische Konvertiten, wie Wordsworth, Coleridge und Southey neben konsequenten Rebellen wie Byron und Shelley, Symptome eines neuen Lebens und unmittelbar daneben Zeichen einer schillernden Zersetzung, welch ein verwirrendes Bild! Dazu kommt, daß die englische Romantik in dem Dichter, der lange als ihr größter Heros galt, in Byron, eine Feindschaft gegen die eigene Heimat aufweist, wie sie sich mit solcher Heftigkeit wohl selten wiederholte, eine Feindschaft, die auf moralischen wie politischen Gegensätzen beruht. Alles das macht die englische Romantik zu einer besonders komplizierten Verbindung und ihre Zergliederung und Beurteilung nicht nur zu einem besonders komplizierten Problem, sondern auch zu einem Prüfstein für die literarische Kritik.

Es ist nun der seltene Fall eingetreten, daß ein Geist von höchster Urteilsfähigkeit, dessen Beweglichkeit und Intuition ebenso groß sind wie sein wissenschaftlicher Ernst, der das höchste ästhetische Feingefühl mit starken sozialen Interessen vereinigt, gerade die englische Romantik zum Gegenstand seiner Analyse gemacht hat, Hippolyte Taine. Seiner Analyse und seinen Urteilen nachzugehen und sie auf ihre Voraussetzungen und Folgerungen zu prüfen, ist die Aufgabe der vorliegenden Abhandlung. —

Eine solche Untersuchung scheint bei dem einfachen wissenschaftlichen Programm, von dem Taine ausgeht, außerordentlich einfach zu sein. Seine Einleitung zur englischen Literaturgeschichte gehört zu den berühmtesten Kapiteln der Literatur des neunzehnten Jahrhunderts. Mit der ihm eigenen klaren und durchsichtigen Formulierung hat Taine an die Spitze seines Buches einige Thesen gestellt, in denen er anscheinend alle Gesichtspunkte seiner Darstellung erschöpfend zusammenfaßt. Wenn Monod von Taine sagen konnte, daß selten ein Schriftsteller einen solchen Einfluß auf das Denken seiner Zeit ausgeübt hätte [1]), so liegt der Grund zum Teil in diesem klaren literarhistorischen Programm. Der Dichter soll psychologisch betrachtet werden; das bedeutet: sein Werk ist die Äußerung eines Menschen. Die Analyse des Menschen gelangt zunächst zu einer „faculté maîtresse", einer spezifischen Eigenart des Autors, die aber nicht das einzige und letzte Element darstellt, sondern mit anderen Tatsachen zusammenhängt und von ihnen teils beeinflußt wird, teils selber sie beeinflußt. Das sind die R a s s e (ces dispositions innées et héréditaires que l'homme apporte avec lui à la lumière et qui ordinairement sont jointes à des différences marquées dans les tempéraments et dans la structure du corps. Elles varient selon les peuples), das M i l i e u (les circonstances physiques et sociales qui dérangent ou complètent le naturel; des plis accidentels et secondaires qui s'étalent sur le pli primitif et permanent, le climat, les circonstances politiques, les conditions sociales comme le christianisme ou le bouddhisme) und der historische Augenblick, le m o m e n t (les développements d'une certaine époque, la conception dominatrice, le modèle idéal de l'homme). Wer den Positivismus allgemein zugab — und er entsprach der Grundstimmung der Zeit —, dem mußten solche Sätze höchst plausibel vorkommen, so daß der große Erfolg nicht verwunderlich ist.

Diese Thesen stehen, axiomatisch formuliert, wie Dogmen, am Anfang der englischen Literaturgeschichte. Wenn man eine solche Einleitung liest, ist man geneigt zu glauben, daß das Interesse an der Literatur und an einer ästhetischen Betrachtung gar nicht das hauptsächliche Interesse des Buches ist, und daß Taine an der englischen Literaturgeschichte nur seine wissenschaftlichen

---

[1]) Monod S. 140.

Thesen exemplifizieren will, um seine Theorien von Rasse und Milieu zu belegen. Wirklich war Taine von den Glauben erfüllt, man könne aus der Geschichte und sogar aus der Literaturgeschichte eine Wissenschaft im positivistischen Sinne machen, womöglich sogar eine experimentelle Wissenschaft, die künftige Wirkungen berechnet. So wollte er gerade die englische Romantik definieren „pour en présager les effets". Wenn er das wohl auch nicht in dem großen Sinne meinte, den die folgende naturalistische Generation daraus gemacht hat, als sie die Kunst benutzen wollte, um ein menschliches Leben wie ein Experiment zu demonstrieren, so dachte er doch wenigstens nach Art der Zoologie oder der Botanik regelmäßige Typen aufzustellen. In einem Brief an Havet vom 24. April 1864[1]) hat er seine Methode auseinandergesetzt und gesagt, er wolle die Geschichte nicht zu einer Geometrie machen. In seiner Darstellung der englischen Romantik kommt der Vergleich mit der Geometrie allerdings wörtlich vor, er verlangt dort eine „géometrie vivante" (IV 389), die keine Entrüstung, kein Lob und keinen Tadel mehr kennt. Vielleicht ist damit nur gesagt, daß auch die Darstellung der Literaturgeschichte immer objektiv bleiben muß. Es wäre dann mehr ein Bekenntnis zur Unparteilichkeit des Kritikers, der nur Ausdrücke Spinozas, vom mos geometricus benutzt; denn Spinoza war immer ein Lieblingsphilosoph Taines[2]). In Wahrheit will Taine, wie sich aus jenem Brief an Havet deutlich ergibt, nur allgemeine „Typen" aufstellen, und sucht feste, aber nicht meßbare Beziehungen zwischen Tatsachen und Gruppen von Tatsachen, aus denen sich das soziale und moralische Leben zusammensetzt, „des rapports fixes et précis non mesurables entre des groupes de faits qui composent la vie sociale et morale". So will er einen „type idéal" gewinnen, wie ihn die Zoologen kennen, sur lequel sont bâtis les êtres vivants. Diese Beziehungen nennt er Gesetze (lois) und sagt, Montesquieu habe nichts anderes gesucht.

Wollte man Taines englische Literaturgeschichte nur unter dem Gesichtspunkt seines einleitenden Programms lesen, so würde

[1]) Vgl. Monod S. 115—117.
[2]) Nachweise bei Giraud S. 14, 23/24, 83/84 usw.

man leicht zeigen können, daß das Werk etwas wesentlich anderes enthält als nur eine Probe auf solche Sätze. Gerade die besten und charakteristischen Abschnitte, das berühmte Kapitel über Shakespeare oder die Porträts von Pope, Byron oder Carlyle enthalten wesentlich anderes als bloß die Einfügung in den systematischen Zusammenhang mit der Rassen- und Milieutheorie. Der Aufbau des Werkes, der zum Teil darin besteht, daß eine Reihenfolge von literarischen Porträts bedeutender Dichter gegeben wird, widerspricht an sich schon der naturwissenschaftlichen Methode, und erinnert an die Galerie menschlicher und künstlicher Typen, die Sainte-Beuve geschaffen hat. Der Einfluß von Sainte-Beuve ist sehr stark und wird im Folgenden da, wo er im Einzelnen auftritt, zu erwähnen sein. Was die allgemeine und grundsätzliche Methode seiner literarhistorischen Schilderungen angeht, so hat Taine selbst Sainte-Beuve immer als seinen Lehrer verehrt. Dieser gehörte neben Stendhal und Marc Aurel zu den Meistern, die er bis zu seinem Tode aufs tiefste bewunderte [1]). Man hat Taine einen „Schüler" von Sainte-Beuve genannt [2]). Ein englischer Historiker der literarischen Kritik, Saintsbury, ist so weit gegangen, zu sagen, Taine sei „only Sainte-Beuve methodised and formulated [3])". Das mag übertrieben sein, aber der Einfluß ist jedenfalls groß genug, um zu verhindern, daß man die Literaturgeschichte Taines als ein naturwissenschaftliches Werk behandeln kann. Denn bei Sainte-Beuve wird wohl niemand die Probe auf die exakte Wissenschaftlichkeit anstellen, obwohl auch er naturwissenschaftliche Vorstellungen als Analogien heranzieht. Er tut das zum Teil, weil er psychologische und physiologische Zusammenhänge andeuten will, zum Teil aber nur aus einer ästhetischen Verwandtschaft der Impressionen. Wenn Taine z. B. die Darstellung von Burns mit der Schilderung des schottischen Nebels beginnt und dessen düstere Stimmung in dem Charakter und den Gedichten des Mannes wieder finden will, so ist das nur scheinbar eine

---

[1]) Chevrillon, Revue de Paris 1. Juni 1908, S. 606. — Vgl. auch Girard S. 34.
[2]) Pelissier, le mouvement littéraire au XIX. siècle, S. 305.
[3]) History of Criticism III, S. 432.

wissenschaftliche Zurückführung auf das Milieu als eine letzte Ursache. In Warheit liegt eine Ähnlichkeit der Stimmungen vor, und dient die Schilderung des Nebels nur als Mittel der ästhetischen Kritik. Taine liebt es, solche aus der Natur oder der Landschaft gewonnenen Eindrücke auf das Werk zu übertragen. Das hat Sainte-Beuve ebenfalls getan, mit einem gelegentlich „physiologischen" Geschmack. Er hat z. B. diese Methode auf Taine selbst angewandt, in dessen Werk er die dunklen Massen der Ardennen wiedererkennen will [1]). Er spricht auch von „groupes", associations ou familles naturelles, die er mit den natürlichen Familien in der Botanik oder der Zoographie vergleicht [2]). Niemand wird das als Naturwissenschaft ansehen. Es ist vielmehr ein eigenartiges Mittel der kritischen Darstellung, und als solches, nicht wegen seiner exakt-wissenschaftlichen Bedeutung, wertvoll, sondern weil es charakteristische Linien und Farben in die Vermittelung des Eindrucks bringt, welche die Aufgabe des literarischen Kritikers ist.
Taine macht allerdings manchmal bitter Ernst mit seiner Wissenschaft, und „sein System fälscht oft seine geschichtliche Auffassung [3])". Dem steht aber auf der anderen Seite eine augenscheinliche Subjektivität gegenüber, die in zahllosen Urteilen Taines erkennbar ist. Die Art z. B., wie er Pope charakterisiert, ist bestimmt von einem starken Ressentiment gegen den Literaten [4]). Trotz seines wissenschaftlichen Ernstes ist Taine niemals ausschließlich Gelehrter gewesen. Seine „mentalité simpliste" zwingt die Tatsachen zu einfachen Linien, bei denen die Konturen den Autor mehr interessieren als das Tatsachenmaterial selbst. Die Methode, aus der unendlichen Menge der historischen Tatsachen einige „traits significatifs" auszuwählen, ist für ein solches Verfahren besonders geeignet. Neben diesem Streben zu einer klaren und einfachen Linie steht noch eine

---

[1]) Nouveaux Lundis VIII, S. 71.
[2]) Nouveaux Lundis IX, S. 80.
[3]) Schérer, Études critiques I, S. 123.
[4]) IV, S. 160. Dazu hat Sainte-Beuve (N. L. VIII, 104) richtig bemerkt, daß Taine bei seiner Geistesbeschaffenheit Pope gar nicht gerecht werden konnte.

andere Neigung, die Barbey d'Aurevilly[1]) „esprit épigrammatique" nennt, eine Bezeichnung, die in manchen Fällen besonders treffend ist, weil sie gleichzeitig ein gewisses künstlerisches Interesse andeutet. Dazu kommt außerdem noch eine offen „romantische" Neigung. André Chevrillon, der Taine persönlich sehr nahe steht, hat das betont und gesagt, daß die entscheidenden Eindrücke aus der romantischen Jugendepoche Taines niemals ganz verschwunden sind; er nennt ihn geradezu einen „Romantique qui se dressait à la science[2])". Solche in der Persönlichkeit Taines liegenden Gründe verbinden sich bei einem Thema wie der englischen Romantik mit der Eigenart des Gegenstandes, die eine wissenschaftliche Behandlung im positivistischen Sinne wohl ganz unmöglich macht. So erklärt es sich, daß gerade ein Werk wie die englische Literaturgeschichte, das von einem rigoros „wissenschaftlichen" Programm ausgeht, als die Literaturgeschichte bezeichnet werden konnte „which perhaps has the most of literature itself" (Saintsbury, S. 442).

Bei einem Künstler, der seinem Werk ein theoretisches Programm oder eine Vorrede vorausschickt, wird man den Wert des Kunstwerkes nicht danach beurteilen, ob der Künstler sich wirklich an seine eigene Theorie gehalten hat, und der Kritiker hat seine Aufgabe nicht erfüllt, wenn er Differenzen zwischen der Theorie und der Praxis feststellt. Oft kann der künstlerische Wert des Werkes gerade darin liegen, daß das Programm nicht beachtet wurde. In analoger Weise wird eine Betrachtung der literargeschichtlichen Darstellung Taines sich nicht damit begnügen dürfen, zu untersuchen, ob die in der Einleitung aufgestellten Thesen von Rasse und Milieu eingehalten wurden und bei der Natur des Stoffes überhaupt eingehalten werden konnten. Wenn daher im Folgenden Taines Darstellung der englischen Romantik untersucht wird, so ist dabei nicht beabsichtigt, Taine vor dem Richterstuhl seines eigenen Programms zu ziehen. Vielmehr sind die Gesichtspunkte, die in Wahrheit leitend waren, herauszuarbeiten und miteinander zu vergleichen. Der erste Teil

---
[1]) Critiques, S. 234.
[2]) Revue de Paris 1. Mai 1908, S. 13; 1. Juni 1908, S. 592.

der Arbeit soll die charakteristischen Linien der Darstellung Taines wiedergeben und dabei literarhistorische Einflüsse, die sich auf die Darstellung im einzelnen beziehen, kurz erwähnen. Der zweite Teil wird die maßgebenden Ideen und Idealvorstellungen charakterisieren und sie in den Zusammenhang mit einigen wichtigen geistigen Strömungen der Zeit zu bringen suchen. Dabei wird sich ergeben, wie sehr Taine in seiner Darstellung der englischen Romantik unter dem Einfluß widersprechender Einwirkungen steht.

Taine hat seine Ansichten über manche wesentlichen Angelegenheiten nicht immer starr festgehalten, insbesondere hat er in einer so wichtigen Frage wie dem Urteil über die französische Revolution seinen Standpunkt geändert, ohne sich die Mühe zu geben, solche Änderungen ausdrücklich zu rechtfertigen. Wenn sich nun in seiner Beurteilung der englischen Romantik manche Widersprüche aufzeigen lassen, so liegt es vielleicht nahe, anzunehmen, daß solche Widersprüche ebenfalls aus verschiedenen Epochen seiner Entwickelung erklärt werden können und durch neue Erfahrungen oder neue Erlebnisse bestimmt sind. Für die englische Literaturgeschichte trifft das aber nicht zu. Das Werk entstand in der Zeit von etwa 1852 bis 1863. Die erste Auflage erschien Ende Dezember 1863[1]) in drei Bänden; der vierte (Ergänzungs-) Band mit den Studien über Dickens, Thackeray, Macaulay, Carlyle, Stuart Mill und Tennyson erschien bereits im Oktober 1864. Seit der dritten Auflage (1873) bildet dieser Ergänzungsband den fünften Band der englischen Literaturgeschichte, und ist die Darstellung der englischen Romantik in den vierten Band aufgenommen. Die einzelnen Teile sind in Form von Essays als Aufsätze seit 1855 in der „Revue de l'Instruction publique", der „Revue des deux mondes" und dem „Journal des Débats" veröffentlicht. Die leitenden Ideen des Werkes sind durchaus dieselben. Die Entstehung fällt in die Zeit des second empire, in der Taine zwar politisch in der Opposition stand, die aber für die in Betracht kommenden Jahre gleich-

---

[1]) Monod, S. 107. Über die bibliographische Frage, ob das Werk Ende 1863 oder im Januar 1864 erschien, vgl. Giraud, Bibliographie critique de Taine, S. 21, Note 2.

mäßig und ruhig verlief. Die Widersprüche, die sich in den maßgebenden Ideen des Werkes finden, liegen also im Werke selbst und können durch eine Analyse aufgedeckt werden. Der großen Wandlung im Leben Taines, deren auffälligste Äußerung die verschiedene Beurteilung der französischen Revolution ist, würde man mit einer literarhistorischen Analyse wohl nicht gerecht werden. Den Übergang vom „positivisme de ses débuts" zum „idéalisme de ses dernières conclusions" hat Brunetière [1]) als ein „Abenteuer" betrachtet. Dies Wort enthält etwas Richtiges, weil es auf das Irrationale hinweist, das in diesem wie in jedem menschlichen Leben steckt. Die Widersprüche aber, die sich in der englischen Literaturgeschichte finden und sich besonders in der Darstellung der englischen Romantik zeigen lassen, bestehen nebeneinander, nicht nacheinander. Sie sind zum Teil allerdings in der eigenartigen Persönlichkeit Taines begründet, zum größeren Teil aber beruhen sie darauf, daß er gleichzeitig unter verschiedenartigen Einwirkungen stand, und daß er, vielleicht gerade weil er zu wenig Unmittelbarkeit des Empfindens hatte und zuviel mit intellektueller Bewußtheit erarbeiten mußte, der widersprechenden Einwirkungen nicht mit gleicher Kraft Herr wurde. Daher ist eine Analyse berechtigt. Denn es ist nicht ein Mensch in seiner konkreten Lebendigkeit, sondern ein intellektuelles Compositum, das durch diese Analyse zu erfassen versucht wird.

[1]) Discours de combats, Nouv. série, S. 218.

A. ERSTER TEIL.
TAINES DARSTELLUNG DER ENGLISCHEN ROMANTIK.
I. DAS ERSTE KAPITEL DES IV. BUCHES DER ENGLISCHEN LITERATURGESCHICHTE.
1. DIE EINLEITUNG.

Die englische Romantik wird von Taine in den Zusammenhang eines internationalen europäischen Geschehens eingefügt, in eine geschichtliche Periode, die im sechzehnten Jahrhundert mit der neuen Naturwissenschaft beginnt, aber gegen Ende des achtzehnten Jahrhunderts in ein neues kritisches Stadium tritt, dessen spezifisches Kennzeichen Demokratie und Revolution sind. Während später, in den „Origines de la France contemporaine", die französische Revolution als die letzte radikale Konsequenz des vergangenen achtzehnten Jahrhunderts aufgefaßt wird, als ein Einbruch des esprit oratoire et classique, stellt Taine an die Spitze seiner Darstellung der englischen Romantik den Satz, daß beim Herannahen des neunzehnten Jahrhunderts in Europa ein großer Umschwung eintrat, der das Denken der Menschen völlig veränderte. „Le public pensant et l'esprit humain changent" (IV 216). Daraus entsteht eine neue Literatur. Im systematischen Zusammenhang seiner wissenschaftlichen Theorie bedeutet das die Feststellung des „Moments".

Die Formen, in denen sich die neue Bewegung äußert, sind aber verschieden und mannigfaltig. Plötzliche Regsamkeit des geistigen Lebens, neue Erfindungen, wie Dampf- und Spinnmaschine, die Vermehrung der Bevölkerung, alles das erwähnt Taine als Zeichen der neuen Epoche. Im Kern dieses neuen Wachstums steht ein sozialer Vorgang, namentlich der Verfall der alten Aristokratie und das Emporkommen der neuen Klasse, des Bürgertums. Die neue Welt ist daher eine bürgerliche und demokratische Welt. Mit dem Bourgeois oder dem Plebejer erscheint die Demokratie (216/7). Ein neuer Arbeitsgeist, eine neue Art sich Verdiente zu erwerben und sich auszuzeichnen, eine neue Ansicht über Kunst und Religion gehören zu dieser sozialen Schicht, die sich aus dem Dunklen erhebt. Der Held dieses Schauspiels, die typisch neue Figur, ist der „plébéien occupé à parvenir" (218).

Je nach dem Charakter des Landes ist die Form, in der sich der neue Geist äußert, verschieden. Als seine politische Form bringt der moderne Mensch die Demokratie mit, als geistige Form die aus Deutschland stammende Philosophie (223). In Frankreich tritt der neue Acteur in einer politischen und gesellschaftlichen Rolle auf, denn Frankreich ist das Land der frühzeitigen Gleichheit und der révolutions complètes, ein Prädikat, in dem sich schon die Beurteilung der *Origines* anzudeuten scheint. Mit der neuen Schicht kommen neue Menschen, neue Kräfte, ein neuer, wütender Konkurrenzkampf. Während sich das in Frankreich an den politischen und sozialen Zuständen und Gewohnheiten zeigt, bewirkt ein bisher im Dunklen gebliebenes Land, Deutschland, die Revolution der Ideen und schafft eine neue, kühne Philosophie, die über die Grenzen der engen Aufklärungsphilosophie hinweggeht und nach dem Jenseits der Dinge greift. Ihre Metaphysik erhebt sich über die Dogmen, die bisher die religiösen Anschauungen und den Geschmack der Menschen beherrscht haben. Als künstlerische Gestaltungen der neuen Sehnsucht, über die Engen der Gegenwart hinauszukommen, nennt Taine den Werther und Faust. Namen wie Goethe, Beethoven, Schiller und Heine nennt er unmittelbar nebeneinander als Repräsentanten derselben großen Bewegung.

Zu der neuen Bewegung gehört, daß die Völker aufeinander stoßen und die geistigen Strömungen sich miteinander verbinden und mischen wie im Zeitalter des Alexandrinismus. Auch England wird von den Fluten erfaßt. Von zwei Seiten her, von Frankreich und Deutschland, von neuen gesellschaftlichen und politischen Formen und von einer neuen Philosophie ausgehend, dringt die neue Zeit an die Insel heran. Mit dem großen rednerischen Schwung, der Taine, trotz seiner Feindschaft gegen das Oratorische, zur Verfügung steht, malt er das Bild aus, das sich in diesem dramatischen Moment gegen Ende des achtzehnten Jahrhunderts darstellt: von Frankreich und Deutschland kommen zwei große Ströme auf England zu, aber sie stoßen dort auf starke Dämme und Deiche. Der nationale Instinkt, die konservative öffentliche Meinung, der politische Gegensatz gegen die französische Revolution widerstehen dem Anprall. Aber der Weg der demokratischen Flut kann nicht versperrt werden, doch wird er umgeleitet. Nur langsam, durch neue Kanäle und auf neuen Wegen, dringt sie in England ein und bewirkt dort, statt einer plötzlichen Revolution, eine langsame Umformung (223). Worin die Eigenart dieser Umformung besteht, ergibt sich aus der folgenden Schilderung von Burns und Cowper: die Revolution verkleidet sich als eine literarische Bewegung und ist statt einer politischen oder philosophischen eine bloße Stilrevolution.

2. BURNS.

Das Porträt, das Taine von Burns entwirft, bleibt ganz in der Vorstellung stecken, daß die Poesie nur der Ausdruck ihrer Zeit und vor allem ein Ausdruck neuer sozialer und politischer Strömungen ist. Taine faßt Burns als einen Vorboten der Demokratie und des neuen Geistes auf. Der Erfolg seiner Gedichte beweist, daß das Publikum sich geändert hat. An die Stelle der Aristokratie treten die mittleren Klassen, die Plebejer, die eine andere, unmittelbare Kunst verlangen. In phantastischen und groben Verkleidungen erhebt sich der moderne Mensch, trotz aller Mißverständnisse aber immer an seiner demokratischen Gesinnung und seiner Art Philosophie erkennbar. „L'étroit habit du passé commence à craquer, l'homme retourne à la nature." Immer von neuem beginnt Taine mit der Schilderung des neuen Geistes, der die akademische, moralische und puritanische Enge sprengt und nur die natürliche Echtheit seiner Gefühle sucht, er sich unbedenklich seinen Instinkten überläßt, wie Burns das in seinem privaten Leben getan hat. Das Leben Burns' wird daher mit vielen Details ausgemalt.

Der Johannes der neuen Religion kam aus einer düstern Umgebung, aus den Nebeln Schottlands und drückender, geisttötender Armut. Sozial ist er charakterisiert als „déclassé", daher ist er revolutionär, und seine Poesie findet den Ausdruck für die „réclamations d'un plébéien supprimé et révolté" (230). Als Dichter zeichnet ihn rücksichtslose Wahrheit seiner Empfindungen aus und unbedenkliche Hingabe an seine Gefühle. Taine bringt dem schottischen Dichter offenbar eine besondere Begeisterung entgegen. Er vergleicht ihn mit Béranger, aber nur um ihn weit über den Franzosen zu stellen, als „plus pittoresque, plus varié et plus puissant" (S. 237), — eine Bemerkung, die wohl eine Spitze gegen Sainte-Beuve enthält, der Burns und Béranger in dieselbe Gruppe von Dichtern bringt, aber beide als Dichter zweiten Ranges behandelt, während Taine Béranger den Charakter eines wirklichen poète du peuple abzusprechen scheint[1]). Burns dagegen ist für ihn wahre Rückkehr zur Natur, eine Umwälzung, in der die Künstlichkeit der alten Gesellschaft, die puritanische Moralität und die mechanische Symmetrie der klassischen Kunst beiseite geworfen wird. Durch seine Überwindung der Form wird Burns der Ausbruch der modernen Kunst überhaupt. „La forme semble s'anéantir et disparaître; j'ose dire que ceci est le grand trait de la poésie moderne; sept ou huit fois Burns y a atteint" (245).

Weil er Burns wesentlich als einen Revolutionär sieht, bezeichnet Taine die Jolly Beggars als das Meisterwerk der Kunst Burns'. Von ihnen gibt er eine ausführliche Inhaltsangabe und zitiert mit fühlbarer Teilnahme und Begeisterung Verse wie „A fig for those by law protected" oder „What is title? What is treasure? What is reputations care?" Die Lyrik, die schönen Volkslieder von Burns, die heute noch lebendig sind, haben nichts Revolutionäres, und interessieren Taine weniger als die wilden Ausbrüche der Jolly Beggars, „le langage des révoltés et des violeurs". Das ist es, was Taines Darstellung ausschließlich

---

[1]) „Béranger qui se croyait ou se disait le poète du peuple" (IV, 248). Sainte-Beuve behandelt Béranger und Burns in den Caus. d. L. II, 305.

bestimmt. Deshalb deutet er Burns als eine wesentlich politische Erscheinung, und bringt ihn, offenbar einseitig, in einen Zusammenhang mit der Grundidee, daß die englische Romantik eine demokratische Bewegung ist.

Der Teil des Porträts, der das Privatleben Burns' betrifft, ist aus zahlreichen kleinen Einzelheiten zusammengesetzt und zeigt den Dichter mehr von der menschlichen als von der politischen Seite. Über den Vater, die Kindheit, über banale aber bezeichnende Details des täglichen Lebens, über seine Geldnöte, seine Frömmigkeit, sein Naturgefühl und seine erotischen Beziehungen werden Tatsachen zusammengetragen und zu einem wirkungsvollen, psychologischen Gemälde vereinigt, mit einer Methode, die den Einfluß von Sainte-Beuve erkennen läßt.

3. COWPER.

Das psychologische Gemälde, das Taine von dem Menschen Burns entwirft, hebt drei Punkte hervor, nämlich das religiöse Gefühl, das Naturempfinden und das Liebesleben Burns'. Das entspricht dem Schema, welches Sainte-Beuve bei seinen Schilderungen zu befolgen pflegte und welches mit großer Regelmäßigkeit wiederkehrt. Ein Autor, der die dritte (nach 1849 beginnende) Periode der kritischen Tätigkeit von Sainte-Beuve untersucht hat und im übrigen sein aufrichtiger Bewunderer ist[1]), kann sich doch nicht enthalten, hier mit einiger Ironie von dem dreiteiligen „Ritual" zu sprechen: *Que pensait-il de la religion? Comment était-il affecté du spectacle de la nature? Comment se comportait-il sur l'article des femmes?* In dem Porträt, das Taine von Cowper entwirft, ist der Einfluß von Sainte-Beuve noch deutlicher, nicht so sehr in der Beobachtung dieses Schemas als darin, wie Cowper bewertet und liebevoll geschildert wird. Sainte-Beuve hat eine große Vorliebe für den *„poète de la vie domestique"*, den er in einer eigenen Studie gezeichnet hat. Über seine Herkunft, seine physische Schwächlichkeit, die Schrecken der puritanischen Erziehung und ihre Nachwirkung, aber auch über die englische Häuslichkeit und über

---

[1]) Macclintock, Sainte-Beuve's critical theory and practice after 1849 (Chicago 1920 Diss.), S. 126.

Cowpers Verwandtschaft mit Rousseau äußert er sich so, daß sein Einfluß auf die Schilderung Taines wohl auch in Einzelheiten erkennbar ist, obwohl Taine ihn nicht zitiert.

Ein Dichter wie Cowper konnte nicht ohne weiteres in einen Zusammenhang mit der neuen politischen und sozialen Strömung gebracht werden. Sein ruhiges, friedliches Leben und seine harmlose Freude an der Natur malt Taine mit freundlicher Sympathie aus (254): ein zartes, melancholisches Kind, von religiösen Angstvorstellungen geplagt, dessen Talent sich nur unter der mütterlichen Sorgfalt gütiger Frauen wie der Mrs. Unwin und Lady Austen entfalten konnte. Warum hat Taine für ihn solche Sympathie, während er Pope, der doch auch eine „petite créature délicate et maladive" war (IV 165), offenbar auch wegen seiner Schwächlichkeit haßt und verachtet? Cowper dichtet nur „pour s'occuper", „il regarde et rêve", er entdeckt als wahrer Dichter immer neue Schönheiten auch in alltäglichen Dingen, er hat die Augen, welche die Welt verwandeln; denn alles kann poetisch werden und nicht die Dinge, sondern die „sensations" sind das Poetische (261). Mit der neuen Zeit aber kommen neue Sensationen und ein neuer Stil; weil er das bei Cowper findet, kann er ihn in den Rahmen der politischen und sozialen Neuerung einfügen. Crabbe, dessen Realismus hier ebensogut Erwähnung verdient hätte und der einen noch größeren Gegensatz zum *style oratoire* bildet, wird nur kurz erwähnt, als ein *Pope in worsted stockings* (261, Note). Cowper dagegen hat eine Beziehung zur neuen Zeit, weil er im Gegensatz zu den Dichtern des oratorischen Stils nur aus Freude am Dichten seine Empfindungen wiedergibt, ohne Rücksicht auf die Erfordernisse eines großen Stils oder einer vorschriftsmäßigen Beredsamkeit. Er gehört nicht zu denen, „qui écrivent pour le plaisir de faire du bruit" (258). In dieser Ehrlichkeit sieht Taine die Revolution, die in England nur verkleidet eindringen konnte, „déguisée et par une voie détournée, en sorte qu'on ne la reconnaît pas" (253). Selbst vor der friedlichen und idyllischen Poesie Cowpers gibt Taine den soziologischen Grundgedanken seiner Darstellung der englischen Romantik nicht auf. Eine neue Art zu schreiben bedeutet eine neue Art zu denken, und weil der Dichter ausspricht, was ihn bewegt, so liegt darin der Gegensatz zum hergebrachten, festen, oratorischen Stil. Der Geist überspringt die Regel, das Wort ist nur noch ein Ausdruck wahrer Gefühle. „En cela consiste la grande révolution du style moderne" (IV 262).

4. DIE ENGLISCHE ROMANTIK.
a) DIE HISTORISCHE RICHTUNG.

Nach dieser Vorbereitung, nach Burns und Cowper als Vorläufern, läßt Taine die „englische romantische Schule" (l'école romantique anglaise) erscheinen und führt sie ein mit der Bemerkung, daß sie der französischen in allem ganz ähnlich ist, in ihren Theorien, ihren Ursprüngen, in dem was wahr und übertrieben an ihr ist, auch in dem Skandal, den sie hervorrief. Sie ist eine Revolte gegen das Überlieferte. Zum Beweise dafür erwähnt Taine die revolutionäre Jugend von Southey, Coleridge und Wordsworth. In der Verwirrung dieser romantischen Bewegung unterscheidet er zwei Richtungen, eine historische und eine philosophische. Vertreter der historischen Schule sind in erster Linie Southey und Walter Scott, der philosophischen Wordsworth und Shelley. Zur historischen Schule gehören außerdem Thomas Moore, Lamb, Coleridge und Campbell, weil sie ebenfalls geschichtliche Stoffe zum Gegenstand ihrer Dichtungen gemacht haben. Von ihnen wird aber nur Scott mit größerer Sorgfalt behandelt. Die andern werden mit einigen Sätzen abgetan. Die schematische Einteilung in historische und philosophische Romantik konnte nur deshalb durchgeführt werden, weil nur einzelne Dichter, und von diesen wieder nur einzelne Werke herausgegriffen werden. Man hat bei diesem vierten Abschnitt des ersten Kapitels den Eindruck, als wäre Taine ungeduldig, zu dem Dichter zu eilen, den er als den Höhepunkt und den allein wahren Repräsentanten der englischen Romantik bezeichnet und dem er das ganze zweite Kapitel widmet, zu Byron.

Taine spricht von der „confusion laborieuse", als welche sich die englische Romantik dem Betrachter darstellt. Wie versucht er nun die Verwirrung zu lösen? Mit der bloßen Ausmalung ihrer Buntheit konnte er sich als analysierender Historiker nicht zufrieden geben. Daher deutet er die philosophischen und historischen Interessen der englischen Romantik ähnlich, wie er vorher die Familienpoesie Cowpers gedeutet hatte: als eine Verkleidung. Mag der Geist ein metaphysisches Jenseits oder vergangene geschichtliche Epochen aufsuchen, immer beweist sein Suchen die Unzufriedenheit mit der Gegenwart und die Erkenntnis, daß ein anderes Ideal gesucht werden muß. Das Interesse am Mittelalter, an barbarischen Zeiten, an entlegenen oder exotischen Ländern ist eine Äußerung dieser Sehnsucht, und die historischen Stoffe sind nur bunte Kostüme. Selbst Goethes Tasso, Iphigenie und den westöstlichen Diwan erwähnt er als Beispiel solcher Verkleidungen. Der Plebejer hat das aristokratische Gewand beiseite geworfen, aber sein eigenes, passendes Kleid noch nicht gefunden; in der Zwischenzeit leiht er sich eins bei Rittern und Barbaren (IV 265).

Die Vorstellung einer Verkleidung macht es Taine möglich, bei seiner Grundidee zu verbleiben, daß die englische Romantik wesentlich ein soziales Phänomen ist. Aber als literarischer Kritiker erteilt er der historischen Richtung der englischen Romantik keine gute Note. Den Deutschen, insbesondere Goethe, ist es gelungen, den Geist fremder Zeiten zu fassen. Bei den Engländern bleiben alle Wiederbelebungsversuche ohne rechten Erfolg. Taine gibt eine sehr schnelle summarische Übersicht über die verschiedenen historischen Stoffe von Moore, Lamb, Coleridge Campbell und — „au premier rang" — Southey. Die bedeutende schriftstellerische Tätigkeit, die Southey außer seinen historischen Romanen entwickelt hat, erwähnt er nicht; Moore, einen typischen Irländer, behandelt er ohne weiteres als Engländer; daß Coleridge wichtige kunstphilosophische Aufsätze geschrieben hat, wird nur ganz beiläufig angedeutet. Kurz, es wird nur das zitiert, was eben die Klassifikation „historische Richtung" rechtfertigt. Sein Urteil faßt Taine dahin zusammen, daß das alles nur eine „fantasmagorie bien brillante" sei, „par malheur elle sent la fabrique" (IV 269). Er nimmt sich Zeit, einen Vergleich auszumalen: alles ist wie in der großen Oper, alles ist Dekoration und Kulisse, grandes machines décoratives, auf Illusion und Effekt berechnet. Die Ursache des Mißlingens liegt im englischen Charakter, in seiner Schwerfälligkeit und seinem esprit trop moral. Im Grunde sind die Engländer zu sehr davon durchdrungen, daß ihre Religion und ihre Moral das allein Richtige ist. Sie sind keine Pantheisten und Polytheisten wie die großen deutschen Dichter, deswegen gelingt ihnen die Wiederbelebung fremder Zeiten nicht, und ist diese ganze poésie historique nicht lebensfähig (IV 272).

Nach diesem Urteil geht Taine näher auf das Werk von W. Scott ein. Er erzählt den großen Erfolg seiner Romane und schildert biographische Einzelheiten, seine Methode zu arbeiten und seine feudale Gesinnung (274/5). Die historische Exaktheit seiner Studien wird gelobt, aber auch Scott entgeht nicht dem allgemeinen Urteil, das über die historische Poesie der englischen Romantik gefällt wurde: die Exaktheit betrifft nur das Äußerliche, der Dichter dringt nicht in die Seele der Zeit ein, sondern bleibt an der Schwelle stehen; er arrangiert die Geschichte, wie er sein Schloß Abbotsford eingerichtet hat. Alles ist zuletzt doch nur „spectacle" (277), so, wie die übrige historische Poesie nur „große Oper" war. Es ist ein Schauspiel, das dem Geschmack der englischen Lords von 1815 entspricht. Um die barbarische Wildheit des wirklichen Mittelalters wieder aufleben zu lassen, hätte es einen anderen Mannes bedurft, als dieses biedern Schotten, der ein so guter Protestant, ein guter Ehemann, ein guter Familienvater, ein sehr moralischer Mensch und ein entschiedener Tory ist (277). Er hat weder die Begabung noch die Ruhe, seine Helden wirklich zu erfassen. Wie hätte dieser friedliche Mann und gute Untertan das gekonnt? „Comment pourrait-il découvrir ou oserait-il montrer la structure des âmes barbares?" (277) Es gehört viel dazu, in die Seele vergangener Zeiten einzudringen. Scott bleibt an der Schwelle stehen; er sucht das Schickliche und Angenehme und läßt das Naive und die bestialische Wildheit der Zeit weg. Seine Helden sind deshalb in Wahrheit nur gute Bourgeois und Gentlemen in mittelalterlichem Kostüm. Seine Kunst gibt alles Schottische gut wieder, aber in durchaus harmlosen Menschen und ist die Kunst eines Bourgeois, der für die Bourgeoisie schreibt, mit aller Vorliebe für Naturtreue in Kleinigkeiten wie sie zu einer solchen bürgerlichen Kunst gehört, mit einem auf das Nützliche und Praktische gerichteten Sinn und moralischen Tendenzen. Damit gelangt Taine wieder in den geschichtlichen und politischen Zusammenhang; sein Urteil über W. Scott bleibt demnach im Rahmen der Grundidee, daß die englische Romantik der literarische Ausdruck der demokratisehcn Bewegung ist. Inhaltlich hat Taines Auffassung eine merkwürdige Ähnlichkeit mit dem Urteil Stendhals. Dieser hatte W. Scott zuerst bewundert und ihm enthusiastische Briefe geschrieben (Correspondance I S. 167), aber der Gegensatz der beiden Naturen war zu groß, als daß diese Begeisterung hätte andauern können. In der Schrift über Racine und Shakespeare hatte Stendhal gesagt: „L'homme lui-même est peu digne d'enthousiasme". Byron hatte als guter Freund Scott gegen solche Herabsetzung verteidigt [1]), aber der Gegensatz lag nicht nur darin, daß Stendhal und Scott verschiedene politische Ansichten hatten; der scharfe kritische Blick des Franzosen glaubte erkannt zu haben, wo die wirkliche Grenze der Begabung des Romanschriftstellers lag. In der Correspondance inédite (28. Nov. 1838) sagte er: die Naturschilderungen bei Scott seien unwahr, ihm fehle überhaupt der wahre historische Sinn, und er könne sich nicht in den Geist der früheren Zeit versetzen; trotz seiner Gründlichkeit bleibe Scott immer derselbe gute Schotte, der nicht aus seiner Persönlichkeit herauskomme, der Baronet und Tory, der wohlerzogene Gentleman, der den brutalen und großartigen Charakter des dreizehnten Jahrhunderts fälscht und aus den „héros si brusques, si égoistes, si grossiers" dieses eisernen Zeitalters milde Menschen des achtzehnten Jahrhunderts macht, die nur schlechte Grimassen schneiden. Auf die Ähnlichkeit dieser Charakterisierung mit der Auffassung Taines hat eine Schriftstellerin bereits hingewiesen [2]). Es ist daher beachtenswert, daß Taine in seinem Essai über Stendhal gerade W. Scott erwähnt und von Stendhal sagt, er sei ein besserer Psychologe als W. Scott (Essais S. 23).

[1]) Doris Gunnell, Stendhal et l'Angletterre, S. 61.
[2]) Gunell eod. S. 207 note. Auch Hazlitt, The Spirit of the Age, S. 163 hatte von W. Scott gesagt, sein Genius sei „essentially imitative".

b) DIE PHILOSOPHISCHE RICHTUNG.

Der esprit philosophique, der nach Taine die zweite Richtung der englischen Romantik kennzeichnet, führt ebenfalls eine Stilrevolution herbei. Aus den neu erwachten philosophischen Interessen, deren Heimat Deutschland ist, aus der allgemeinen Menschlichkeit, aus der jetzt jeder Dichter spricht, entsteht eine neue Idee, von der Taine wieder sagt, daß sie die „enveloppe étroite" sprenge (285). Auch hier zwingt der konservative Widerstand, auf den der neue Geist in England stößt, zu einer Umformung und Verkleidung. Statt, wie in Deutschland bei Schiller und Goethe, in offener Neuerung aufzutreten, spaltet sich in England die Bewegung in zwei Gegensätze, in die konservative Richtung Wordsworths und die revolutionäre von Byron und Shelley (286).

Wordsworth wird als Mann von philosophischen Neigungen geschildert, dessen Leben in ungetrübter Ruhe dahingeflossen sei, eine übrigens durchaus unrichtige Meinung. Dieser Dichter wird als neuer Puritaner aufgefaßt, als einer von den Engländern, die auf eine innere Stimme hören, sich an der Schönheit der Natur mit hingebender Liebe erfreuen, dabei aber moralische Erbauung und Nutzanwendung suchen. Alle Worte des alten großen Stils werden verschmäht, der Dichter will sprechen wie jeder andere Mensch, der Gegensatz von Poesie und Prosa soll überhaupt aufhören (289/90). Nach dieser, der Vorrede zu den lyrischen Balladen entnommenen Wiedergabe seiner Kunsttheorie äußert Taine sein Urteil über den Dichter. Er erkennt die Echtheit der Empfindungen an, aber er hält ihn nicht für einen großen Künstler, weil er in moralischen Predigten untergehe, und Taine die ländliche Einsamkeit, die in seinen Gedichten herrscht, als langweilig empfindet. Die *Excursion* ist trotz schöner Naturschilderungen monoton wie ein nüchterner protestantischer Tempel oder eine schöne aber monotone protestantische Orgel (293/296). Hier hat Taine einen ähnlichen Eindruck von dem Dichter, wie einer der ersten Franzosen, die sich darüber geäußert haben, Amédée Pichot, der in seiner »Voyage en Angleterre« bei Wordsworth ebenfalls die »solitude un peu monotone d'une immense cathédrale gothique« empfunden

hat. Seine Zitate entnimmt Taine, mit Ausnahme von zwei Versen der Ode an die Unsterblichkeit, im Wesentlichen der *Excursion*.
Während Wordsworth der konservative Ausdruck eines neuen philosophischen Geistes ist, beweist Shelley, daß der Geist jede Form annimmt und gleichzeitig im revolutionären Lager erscheint. Den konservativen Predigten Wordsworths steht die „utopie socialiste" von Shelley gegenüber (297). Während Wordsworth als Künstler geringschätzig behandelt und unter Cowper gestellt wird, ist Shelley „einer der größten Dichter des Jahrhunderts", ein Urteil, in welchem Taine mit Stendhal übereinstimmt [1]. Ein Aufsatz in der National Review vom Oktober 1856 wird rühmend zitiert (299 Note). Der Aufsatz enthält eine Besprechung der Ausgabe von Shelleys Werken durch Frau Shelley (1853), der Essays, Briefe und Fragmente (1854) und der Biographie von Captain Thomas Medwin (1847). Dieser ausgezeichnete Artikel bezeichnet die „self-delineation" als das Wesen der Kunst Shelleys. Danach ist Shelley ein Charakter von hemmungsloser Impulsivität und ein abstrakter Intellekt, self-enclosed, self-absorbed und im Gegensatz zu der Kunst von Keats, die auf „fancy" beruht, ein „Imaginative", ein Gegensatz der mit dem Gegensatz von Plastik und Malerei, Melodie und Harmonie verglichen wird. Das abenteuerliche und regellose Leben des Dichters wird zur Erklärung seiner Kunst herangezogen. Ein solcher mit der Überlegenheit eines intelligenten und geschmackvollen gesunden Menschenverstandes geschriebener Aufsatz mußte auf Taine einen großen Eindruck machen. Ein Zug in diesem Artikel ist von besonderem Interesse: die Beurteilung der fanatischen Revolutionäre und der Reformer, die Taine erst in den *Origines* ausgesprochen hat, wird hier schon gegenüber Shelley und seiner Raserei des Reformierens geäußert; er wird mit Robespierre und St. Just verglichen, gleichzeitig sein abstrakter, der Wirklichkeit entfremdeter Intellektualismus als etwas Klassisches aufgefaßt, so daß die beiden Elemente, die Taine bei den Jakobinern findet, der revolutionäre Affekt und der abstrakte, klassische Geist, hier schon bei

[1] Rome, Naples, Florence 29. Dez. 1816, œuvres t. 13, S. 117.

Shelley festgestellt werden. Shelleys „imagination is classical rather than romantic"; seine Kunst „essentially classical". In seiner Darstellung der englischen Romantik hat Taine allerdings gerade dies ignoriert, obwohl er den Aufsatz als „excellent" bezeichnet. Er behandelt Shelley als typischen Romantiker und nennt sein revolutionäres Leben ein wahres Dichterleben (298). Die Heuchelei der konservativen Instinkte hat Shelley nach der Auffassung Taines aus England fortgetrieben. Die große Schönheit der Naturschilderungen Shelleys wird gerühmt; doch bemerkt Taine, daß Shelley überhaupt nicht auf der Welt lebte, sondern nur in seinen Träumen, und daß alle seine Personen Phantome, nicht wirkliche Menschen sind. Mit diesem Urteil bleibt Taine bei der landläufigen Auffassung Shelleys [1]), ohne tiefer in seine künstlerische Eigenart einzudringen.

Auch Shelley ist für Taine nur ein großartiger Anlauf. So wenig wie Wordsworth oder Keats, der hier kurz neben Shelley erwähnt wird, bedeutet er die Vollendung der Romantik. Auch er ist nur ein Vorläufer Byrons. Doch wird auch dem Werk dieser Vorläufer zugebilligt, daß es zur Erneuerung beigetragen habe. „L'antique édifice s'ébranle et la Révolution y entre" (303). Als Zeichen dafür, daß der neue Geist auch in England eingezogen ist, zählt Taine die politischen Reformen auf: die Emanzipation der Katholiken, die Wahlreform und die neuen Steuergesetze. Die herrschende Aristokratie verbindet sich mit dem Bürgertum und regiert im allgemeinen Interesse. Im religiösen Leben weicht die starre Orthodoxie dem neuen wissenschaftlichen Geist; doch bleibt für die Umwandlung Englands die Verbindung von Revolution und Konservativismus charakteristisch. Das Resultat ist eine wohlregulierte Reform. Die These, die Taine an den Anfang seiner Darstellung setzte, wird am Schluß des Kapitels noch einmal wirkungsvoll wiederholt. Mit einer Symmetrie, die einem Autor des „style oratoire" Ehre machen würde, entspricht der Schluß dieses Kapitels dem Schluß der

---

[1]) Die Weltfremdheit (unworldiness) ist schon von Byron ausgesprochen worden. Vgl. Edgcumbe, Byron, the Last Phase, London 1909, S. 15. Die self delineating poetry erwähnen wohl alle Biographen. Vgl. Symonds, S. 98.

Einleitung zum Kapitel (IV 222/223 und 305/306). Die Schilderung wird gedrängt, prägnante Sätze mit charakteristischen Anfängen wiederholen sich wirkungsvoll schnell nacheinander; die Eigennamen werden gehäuft und erscheinen wie zu einer Parade: Faust, Werther, dann Goethe, Beethoven, Schiller, Heine, kurz vorher Augereau, Murat, Hoche, Sidney Smith, Arnold, Macaulay, Thackeray, Dickens, Stuart Mill; darauf kehrt jedesmal dasselbe Bild wieder: die steigende Flut der Demokratie (le flot croissant) dringt in England ein, aber nicht gewaltsam, sondern durch die Dämme der englischen Besonderheiten reguliert und zu einem befruchtenden Gewässer umgewandelt. Wie Taine mit einem rhetorischen Schlußeffekt in schönen Antithesen sagt: „sans dégât et avec mesure, de façon à ne rien détruire et de façon à tout féconder".

II. BYRON.

Mit allen Mitteln seiner schriftstellerischen Kunst führt Taine das Porträt Byrons so eingehend aus, daß es die ganze zweite Hälfte seiner Darstellung der englischen Romantik in Anspruch nimmt. Byron ist in seinen Augen der Höhepunkt dieser Romantik, ihr typischer Repräsentant, ihre einzige Größe und ihr absoluter Dichter. Von allen Fahnen, die damals gehißt wurden, sind, wie Taine sich etwas rhetorisch ausdrückt, nur noch Fetzen geblieben. Byron dagegen hat den Gipfel erreicht (IV 304). Außerdem aber soll dieser größte Romantiker auch der typische Engländer sein, von dem man mehr über England erfahren könnte als von allen andern zusammen. Mit einer gewissen polemischen Schärfe betont Taine den wesentlich englischen Charakter des Dichters. Er nennt ihn „le plus anglais" und sagt: „il est si grand et si anglais" (308). Vielleicht erklärt sich die entschiedene Betonung daraus, daß zur Zeit der Entstehung der englischen Literaturgeschichte gerade die Frage, ob Byron als Engländer aufzufassen sei, ohne besondere Begründung ebenso entschieden verneint wie bejaht wurde. Ein Aufsatz von Arthur Dudley, der 1853 in der Revue des deux mondes erschien, erklärt Byron für einen reinen Normannen und fils de Rousseau et de Voltaire, der im Gegensatz zu Shakespeare kein Sachse, sondern ein Normanne sei[1]). In einer Besprechung von Trelawny dagegen sagt Edmund de Guerle 1859: Byron était Anglais jusqu'à la moelle des os dans ses façons d'être, fügt freilich hinzu, daß seine Ideen nicht englisch, sondern kosmopolitisch sind[2]). Byron selbst fühlte sich wohl bei seinem Gegensatz zu England als Normanne, was freilich ebensowenig beweist, wie die Abneigung, die Stendhal gegen Frankreich hatte und seine an Byron gerichtete Äußerung, er hätte italienisches Blut in den Adern[3]). Jedenfalls sind in derartigen Fragen Beweisgründe schwierig zu finden. Taine begnügt sich daher mit der pointierten Behauptung, daß Byron Engländer sei. Als spezifischer Engländer und spezifischer Romantiker ist er die Synthese der englischen Romantik. Aus seiner Schilderung hat Taine die dramatische Schlußszene seiner englischen Literaturgeschichte gemacht.

Zunächst wird der Mensch Byron analysiert. Seine Abstammung, sein Naturell, sein extravagantes Leben werden lebendig und anschaulich gemalt, um den „passionierten" Charakter dieses Mannes zu beleben. Taine scheint sogar das Gerücht, Byron habe aus Eifersucht einen Mord begangen, nicht für etwas Lächerliches zu halten, wenigstens erwähnt er die Stelle aus dem Tagebuch Byrons: Hobhouse m'a rapporté un singulier bruit, que je suis le vrai Conrad usw. (IV 317). Dieselbe Stelle hatte Stendhal als besonders wichtig hervorgehoben[4]). Er hielt Byron, wie er sich ausdrückt, der „Tat des Othello für fähig" (als ob man die Motive eines Frauenjägers wie Byron mit den Motiven eines guten und irregeführten Mannes wie Othello vergleichen könnte) und erwähnt im übrigen über das Leben, die Ehe und den Charakter Byrons ähnliche Einzelheiten wie Taine. Aber auch manche Urteile über die Kunst Byrons erinnern daran. Auch Stendhal sagt, Byron sei immer „occupé de soi, il ne pouvait se transformer en un autre", seine Poesie sei „passioniert", ihr besonderes Merk-

---

[1]) La poésie anglaise depuis Shelley 1853, T. III, S. 147.
[2]) Revue des deux Mondes 1859, I, S. 69.
[3]) Doris Gunnell, cit. 1, S. 55/56.
[4]) Oeuvres t. IX, S. 275, in dem Fragment Lord Byron en Italie. Die zitierte Äußerung Byrons ist den Letters and Journals entnommen (Ausgabe von Roland Prothero, London 1898, II, 399).

mal große Beredsamkeit. Alle diese Urteile kommen auch bei Taine vor, doch besteht ein wichtiger Unterschied: Stendhal hat Byron zwar bewundert und war stolz darauf, mit ihm persönlich bekannt zu sein, aber eine alles überragende Bedeutung hat er ihm nicht gegeben. Für Taine dagegen ist Byron als Engländer und Romantiker etwas Absolutes.

Für den Menschen Byron wie für den Dichter ist das Übermaß der Leidenschaft das Charakteristische. Merkwürdigerweise hatte aber dieses Urbild des Romantikers den „esprit classique" (IV 324). Seine Vorliebe für den klassischen Stil und seine Bewunderung von Pope sind, wie Taine sagt, nicht nur flüchtige Laune, sondern eine wirkliche Neigung für die Form „où Pope resserre sa pensée" (326). Daher dringt er auch zum Publikum durch, und zwar gleich mit dem Childe Harold, aus dem Taine ausführliche Zitate gibt, um die große Leidenschaft und Kraft des Dichters zu beweisen, der unter der Maske des Harald nur von sich selber spricht (327). Das ist überhaupt für diesen Dichter charakteristisch, daß er alle Dinge zwingt zu ihm zu sprechen und in verschwenderischer Rhetorik immer von sich selbst redet. Auf diese Weise entsteht eine große Beredsamkeit, die aber trotzdem die Seele ausdrückt.

In den andern Gedichten, in denen sich das Bedürfnis nach einer wirklichen Tat ausspricht, in der Braut von Abydos, dem Giaour, dem Korsaren, Lara, Parisina, der Belagerung von Korinth, Mazeppa und dem Gefangenen von Chillon, entdeckt Taine vieles Falsche und Unechte, das schnell verblaßt, aber er sieht doch genug Wahrheit darin, denn Byron hat sich meist selbst erlebt und hier als echter Dichter neue Gebiete der menschlichen Seele entdeckt (337). Die furchtbaren Szenen dieser Gedichte werden als Schilderungen menschlichen Leidens und menschlicher Verzweiflung Shakespeares Szenen an die Seite gestellt, der Tod des Lara an Großartigkeit mit einem Stück aus der Edda verglichen (345). Das größte und imposanteste Gedicht ist der Manfred. In ihm erkennt Taine das, was im Mittelpunkt von Byrons Leben und Werk steht, „la personne". Der übermäßige Individualismus des Dichters empört sich gegen den herrschenden cant und die Sittsamkeit seiner englischen Umgebung, ein Berserkerinstinkt treiben ihn in unendliche Fernen. In diesem Individualismus sieht Taine etwas spezifisch Englisches. Niemand ist so eingesperrt in seiner eigenen Person wie Byron. Er bleibt in allem derselbe, alle seine Figuren sprechen nur von ihm selbst; eine Beobachtung, die nicht nur Stendhal, sondern auch Hazlitt in seinem Spirit of the Age (164, 171) gemacht hatte, indem er von Byron sagte: ,,he makes man after his own image, Manfred is merely himself with a fancy-drapery on". Taine formuliert es so: ses personnages ne sont que des paravents. Aber die Individualität, aus der Byron nicht herauskommt, ist gewaltig, sie zerfließt nicht in Formlosigkeit und Nihilismus. Taine vergleicht den englischen mit dem deutschen Individualismus und gibt dem englischen den Vorzug der Konsistenz. Darin liegt für ihn die praktische und moralische Überlegenheit des englischen Charakters, während für die Poesie die deutsche Art geeigneter ist. In der berühmten Vergleichung von Goethes Faust mit Byrons Manfred fällt das Urteil Taines zugunsten Goethes aus, aber nur was die dichterischen Vorzüge angeht. Byron ist solcher Metamorphosen und einer so vielgestaltigen Lebensfülle nicht fähig. Er wirkt neben dem deutschen Dichter kalt und hart. Das fließende Wasser, daß sich bei Goethe allen Formen der Landschaft anpaßt und wie in einem goldenen Nebel leuchtet, verwandelt sich bei Byron zu einem Eisblock von kristallischer Härte. ,,Hommes, dieux, nature, tout le monde changeant et multiple de Goethe s'est évanoui. Seul le poète subsiste, exprimé dans son personnage" (IV 356). In dieser Enge liegt die Fähigkeit zur Aktivität, die dem Engländer eine moralische Überlegenheit über den Deutschen gibt. ,,A côté de Faust, quel homme que Manfred! C'est un homme, il n'y a pas de mot plus beau ni qui le peigne mieux" (357). Goethe, der Dichter des Universums, Byron, der Dichter der Persönlichkeit, sind beide Repräsentanten eines verschiedenen, des deutschen und des englischen Geistes.

Warum aber mußte dieser Repräsentant des englischen Geistes gerade beim englischen Publikum solchen Widerspruch und Aufruhr hervorrufen? Taine hält das anscheinend für etwas Selbstverständliches (364). In seiner Schilderung des Kampfes gegen den englischen *cant* steht er offenbar auf der Seite Byrons. Er zitiert Stendhal, um die Lächerlichkeit englischer Korrektheit zu schildern und rühmt von Byron, daß er mit der Hellsichtigkeit eines Dichters die beiden „Laster der englischen Zivilisation", den gesellschaftlichen Zwang und die Heuchelei, angegriffen hat. Er findet in den heftigen Pamphleten Byrons, die sich gegen die englische Politik richten, viel Wahres, fügt aber hinzu, daß sich inzwischen die Zustände gebessert hätten (367/68). Der Kampf gegen das offizielle England ist auch der Inhalt des *Don Juan*, den Taine als das Meisterwerk Byrons bezeichnet.

Die neue Form dieses Werkes wird aus dem Einfluß der italienischen Umgebung erklärt. Der Dichter ließ die Satire des Buratti und die Sonette des Baffo auf sich wirken, eine Erklärung, für welche wiederum Stendhal zitiert wird (368). Die Moral des südlichen Klimas war eine andere als die des nebeligen England, und Byron überließ sich der leichteren südlichen Auffassung, um sie dem englischen Ideal entgegenzusetzen. Der puritanischen Engherzigkeit und dem britischen cant wird die Natur entgegengehalten. Die wunderbare natürliche Schilderung der *Haidée* ist etwas, was jeder Moralität überlegen ist. Aber der Kampf gegen die englische Pedanterie wird schließlich zum Kampf gegen die menschliche Gemeinheit überhaupt.

Taine findet den wahren Sinn des *Don Juan* darin, daß in diesem Werk die Enttäuschung ausgesprochen sei, die Byron nach erhabenen Träumen und wilden Ausschweifungen packte. Der Dichter erkennt, daß hinter jeder großen Pose ein erbärmliches Motiv steckt und der Mensch ein gewöhnliches, essendes und schlafendes Tier ist; er sieht „la brute qui gît au fond". Das Beste vom Leben ist nur ein Rausch, „the best of life is but intoxication". Skeptizismus und Zynismus sind das letzte Wort; der epikuräische Süden hat Byron nicht lange gefesselt (381). Von menschlicher Würde und menschlichem Stolz bleibt nur Schmerz und Verzweiflung; weder die Wissenschaft noch die Religion können etwas daran ändern. Der Dichter zerstört in zynischer Ironie sein eigenes Werk und höhnt über den Eindruck, den er selbst gemacht hat. So bleibt auf dem Trümmerhaufen zerstörter Illusionen nur der Dichter selbst. Doch kann er auch hier immer noch fesseln und interessieren, weil eine übergroße Kraft sich

gegen sich selbst und gegen alle menschliche Konvention richtet. Darin liegt etwas Großes, aber auch etwas Krankes (385). Sein Lachen wird ein Krampf und das Ende ist Überreizung und Ekel. Der Schluß des Porträts von Byron faßt dieses Endergebnis wieder unter scharfen Antithesen epigrammatisch zusammen: *quand il quitta la poésie, la poésie le quittait; il alla chercher l'action en Grèce et n'y trouva que la mort.*
Das Kapitel über Byron und damit die Darstellung der englischen Romantik endet mit einer Schilderung der „Maladie du siècle" und der Verzweiflung der romantischen Dichter. Taine spricht hier offen von sich selbst. „Le concert de leurs lamentations a rempli tout le siècle et nous sommes tenus autour d'eux, écoutants, tristes comme eux et enclins comme eux à la révolte." Was aber ist das Heilmittel? Weder die romantische Verzweiflung noch die Resignation, sondern die Wissenschaft. Sie soll uns gesund machen. Sie soll uns lehren, den Menschen ohne Lob und Tadel so zu betrachten wie er ist und die Gesetzmäßigkeit alles natürlichen und menschlichen Geschehens zu bewundern. Sie soll eine neue Religion, eine neue Moral, eine neue Politik und eine neue Poesie schaffen. „C'est notre affaire aujourd'hui de les chercher."

III. TAINES WEITERE URTEILE ÜBER DIE ENGLISCHE ROMANTIK (SCHLUSSKAPITEL DES IV. BUCHES UND V. BUCH DER ENGLISCHEN LITERATURGESCHICHTE).
1. DAS SCHLUSSKAPITEL.

Der Schluß des IV. Buches, die Konklusion, gibt eine zusammenfassende Erklärung der englischen Geschichte und des bewundernswürdigen englischen Charakters und seiner politischen Begabung. Auch diese Ausführungen stehen unter dem Gesichtspunkt, daß wir in der Zeit einer großen Revolution leben. Doch ist hier nicht mehr von der Ende des achtzehnten Jahrhunderts einsetzenden Revolution die Rede, sondern von der großen Umwälzung, die seit dem sechzehnten Jahrhundert das menschliche Denken ändert, weil eine neue Wissenschaftlichkeit sich entwickelt. Daher fehlt in diesem Kapitel eine spezifische Beziehung zur englischen Romantik. Die englische Rasse, so wie sie heute besteht, erklärt Taine aus dem Milieu (Meer und Nebel), dann aber aus den Nachwirkungen der „conquête normande". Die eingeborene sächsische Rasse ist in der harten Schule der normannischen Eroberer zu Freiheitsliebe und Aktivität erzogen worden. Der Einfluß von Buckles Geschichte der Zivilisation ist in den Hinweisen auf dieses Werk (IV 396 und 399) zum Ausdruck gekommen. Taine hat mit solchen Ausführungen Buckle in Frankreich popularisiert[1]). Die englische Geschichte unter dem Gesichtspunkt der „conquête normande" aufzufassen, entsprach der damaligen französischen Geschichtschreibung. Einer ihrer Vertreter war F. Guizot, zu dessen Kreis Taine gehörte. Pauline Guizot hat noch 1854 anonym ein Buch über Wilhelm den Eroberer und England unter den Normannen veröffentlicht. Der eigentliche Begründer dieser Geschichtsauffassung aber ist Augustin Thierry. Sein großes Werk „Histoire de la conquête de l'Angleterre par les Normans" wurde 1825 zuerst veröffentlicht und war seitdem in vielen Auflagen erschienen. Es unterscheidet im englischen Volk zwei Rassen, die erobernde normannische Rasse (la race conquérante) und die unterdrückten Sachsen (la race asservie). Die Kämpfe und die Verschmelzung beider Rassen sind nach Thierry der Inhalt der englischen Geschichte. „Le point de vue de la distinction des races en Angleterre après la conquête ne donne pas seulement de l'importance à des faits inaperçus ou négligés, il donne une physionomie et une signifiation toute nouvelle à des évènements célèbres, mais inexactément expliqués[2])." Daß der Gegensatz von Sachsen und Normannen auch auf die Literaturgeschichte übertragen wurde, ist bereits in dem Kapitel über Byron erwähnt. Ein bedeutender Kritiker, Montégut, hat in dem Aufsatz „du génie de la race anglo-saxonne" die großen poetischen Genies als Sachsen aufgefaßt und in Shakespeare und Milton, aber auch in Cromwell

---

[1]) Jos. Teste, Histoire de la langue et de la litérature française t. VIII, S. 677.
[2]) A. Thierry, Histoire d. l. conqu. de l'Ang. Introduction.

und Alfred dem Großen Ausbrüche einer germanischen Kraft zu erkennen geglaubt[1]).

2. CARLYLE.

In seiner Schilderung Carlyles (Kapitel IV des 5. Bandes S. 226) benutzt Taine ebenfalls den Gegensatz von germanisch und lateinisch als grundlegende Unterscheidung. Über dieses Kapitel, das vorher als Essay gesondert erschien, hat Barbey d'Aurevilly (S. 235) eine treffende Bemerkung gemacht: Hier habe ein Schriftsteller den anderen begeistert, l'écrivain chauffant l'écrivain. Doch versucht Taine sich über Carlyle zu erheben und sagt, der Kritiker müsse zahlreiche Seelen und eine bewegliche Sympathie haben. Mit dieser Begründung wendet er sich insbesondere gegen die Herabsetzung Voltaires und der französischen Revolution, und wirft Carlyle vor, daß er einen Mann wie Voltaire überhaupt nicht verstehen könne. Er kann sich nicht genug tun, um die Extravaganzen Carlyles auszumalen. Seine Geschichte der französischen Revolution vergleicht er mit einem Delirium (233); der Stil Carlyles ist für ihn ein wüstes Gemenge von Poesie, Theologie, Physiologie, Neologismen und Argot (238). Sein nordischer germanischer Humor soll die Nerven anderer Rassen unangenehm berühren. In den grotesken Späßen und der Rücksichtslosigkeit gegen das Publikum sieht er etwas Germanisches. Aber als Engländer hat der wilde Seeräuber und Puritaner zwei Hemmungen, nämlich ein Gefühl für das Reale, den esprit positif, und ein Gefühl für das Erhabene, den esprit religieux. Deshalb ist Carlyle schließlich doch ein Philosoph und nicht bloß ein Kranker und ein Visionär (251). Die Charakteristik schließt Taine mit einer allgemeinen Einteilung, die für das ganze Gebiet menschlichen Geisteslebens gelten soll: es gibt Analytiker, methodische Gelehrte, Redner auf der einen, Dichter und Propheten auf der anderen Seite. Dieser Gegensatz ist gleichzeitig der Gegensatz von klassisch und romantisch und lateinisch und germanisch. Carlyle ist ein englischer Michelet (263). Er hat die germanische Fähigkeit, zusammenfassende Ideen zu entdecken, und dadurch über eine bloße Analyse hinaus den Geist der Zeit und die Ent-

---

[1]) Revue des deux mondes 1851 t. III, p. 993.

wicklung zu erkennen. In England mußten allerdings auch diese germanischen Ideen umgeformt werden, aber Carlyle ist es gelungen, sie einzuführen und auf dem Wege dieser philosophischen Divination zur Geltung zu bringen (279). Als Philosoph, Moralist und Kritiker ist Carlyle ein moderner Puritaner und ein Mystiker. Doch sind seine Ideen nur deutsche Metaphysik ins Englische übertragen (290). Der Unterschied vom Deutschen liegt aber auch hier im Praktischen und Moralischen; es ist wiederum das spezifisch Englische.

Die Verbindung spiritualistischer Innerlichkeit und moralischer Praxis bewundert Taine als etwas Großartiges. Besonders charakteristisch scheint ihm die Umformung, die Carlyle der Hegelschen Geschichtsphilosophie gegeben hat, indem er an die Stelle einer Idee ein Gefühl, und zwar „le sentiment héroique" setzt. Diese Geschichtsphilosophie Carlyles nennt Taine „une vive lumière" (312). Seine Bewunderung für Carlyle als Geschichtschreiber zeigt sich darin, daß er ihn neben Shakespeare, Saint-Simon, Balzac und Stendhal stellt, wenn auch mit der Einschränkung, daß Carlyle nur „manchmal" diese Fähigkeit, in die Seele eines Menschen einzudringen, erreicht. Als Puritaner hat Carlyle aus seiner Schilderung Cromwells ein Meisterwerk gemacht (314).

Gegen die Kritik der Zustände in England sagt Taine, daß der Puritanismus kein Heilmittel sei. In der heutigen Zeit, in der überall die Flut der Demokratie eindringe, könne der puritanische Fanatismus keinen Ausweg zeigen, weil er nur Exaltation und daher Krankheit sei (326).

3. TENNYSON.

Carlyle ist nicht das letzte Wort der englischen Romantik, ein Autor ganz anderer Art schließt sie ab. Taine sieht in Tennyson einen idyllischen Dichter, dessen Erfolg aus der Ermüdung und aus dem Ruhebedürfnis der Zeit zu erklären sei. Nach den Stürmen und den Gewittern der Romantik empfand man Tennyson, der alle Eigenschaften der Romantik hatte, aber gemäßigt und gereinigt, als eine Vollendung. Das Werk dieses Dichters atmet die Ruhe eines friedlichen Sommerabends (421).

Seine zarten Frauengestalten, die liebenswürdige Ritterlichkeit

seiner Helden, die Fähigkeit, auch banale Dinge reizend und angenehm darzustellen, weiche Melancholie und süße Träumerei sind der Inhalt des Werkes von Tennyson. Taine sucht mit einem gewissen Eifer nach Anzeichen dafür, daß auch dieser Dichter einer großen Leidenschaft fähig war. „Il y avait un foyer de passion sous cette surface unie" (428), „deux ou trois fois du moins" (419). In den Versen über „Locksley Hall", und in einigen Stellen der „Maud" sind wirkliche Gefühlsausbrüche. Aber weil das Publikum schrie, daß hier Byron imitiert werde, so verfiel Tennyson wieder in seine milden Träume und begab sich wieder an seine sentimentalen Feen- und Rittergeschichten. Er ahmt mit großer Geschicklichkeit und Beweglichkeit den ritterlichen Stil nach und kommt ihm sehr nahe. Aber alles das bleibt ohne Leidenschaft, wie sie zum großen Dichter gehört. So ist Tennyson nur ein talentvoller, liebenswürdiger Architekt von Feenpalästen und Fantasieschlössern (454/55).
Die große Revolution, das Emporkommen des Plebejers scheint also nach Taine mit einer Idylle zu enden. Nicht nur die Dichtung Tennysons, auch das friedliche Leben der Leser dieses Dichters, der wohlsituierten Engländer in den behaglichen Cottages wird als eine Idylle geschildert, die zu der Dichtung paßt. Aber Taine vermochte es anscheinend nicht über sich zu bringen, sein Werk mit einem so liebenswürdigen und gleichzeitig problemlosen Bild zu beenden. Mit einer plötzlichen Wendung zieht er einen Vergleich zwischen dieser ruhigen englischen Gesellschaft und der nervösen Pariser Lebensweise in seine Darstellung und vergleicht Tennyson mit dem französischen Dichter, der zu jenem Pariser Gesellschaftszustand ebenso gehört, wie Tennyson zu dem englischen, mit Alfred de Musset. In der Zerrissenheit und Verzweiflung Mussets sieht er eine höhere Kunst als in der liebenswürdigen Ausgeglichenheit Tennysons und schließt mit dem offenen Bekenntnis: „Le monde qui a écouté Tennyson vaut mieux que notre aristocratie de bourgeois et de bohèmes; mais j'aime mieux Alfred de Musset que Tennyson."

ZWEITER TEIL.
DIE LEITENDEN GESICHTSPUNKTE DER DARSTELLUNG TAINES.
I. DIE VERBINDUNG ÄSTHETISCHER UND SOZIOLOGISCHER BETRACHTUNG, VERMITTELT DURCH DAS INTERESSE AM PUBLIKUM.

Taines englische Literaturgeschichte hat manche heftige Kritik gefunden. Wohl der strengste Tadel ist über seine Darstellung der englischen Romantik ausgesprochen worden. Dieser hat ein englischer Historiker, Saintsbury, offen den Vorwurf gemacht, daß Taine die Dichter, von denen er spricht, anscheinend nicht kennt und ihre Werke nicht gelesen hat (III Seite 428). Jede literaturgeschichtliche Darstellung enthält Urteile und Bewertungen, die sich leicht bestreiten lassen und denen man leicht abweichende Ansichten entgegenhalten kann. Manche englischen Dichter werden heute nicht mehr so eingeschätzt, wie Taine sie behandelt; es ist kein Zweifel, daß er die künstlerische Bedeutung Byrons übertreibt und, wie Schérer sagt, die Begeisterung von 1820 noch teilt; daß er Keats auf unerklärliche Weise vernachlässigt, andere Dichter summarisch aburteilt. Doch wäre das ein Streit um die ästhetische Bewertung, aber keine Analyse des Werkes von Taine. Dieses Werk enthält aber mehrere Gesichtspunkte, deren sich eine literatur-historische Darstellung bewußt sein muß, sowohl um die Gestalt dieses eigenartigen und bedeutenden Kritikers in schärferen Umrissen zu erkennen, als auch um die verschiedenen ideengeschichtlichen Strömungen, die sich in ihm treffen, zu erfassen.

Der erste Teil der vorliegenden Untersuchung hat bereits ergeben, daß in dem Urteil Taines ästhetische und politische Betrachtungen verbunden sind. An der Grundidee, daß die englische Romantik eine im Kern soziale Bewegung, nämlich der

geistige Ausdruck der kommenden bürgerlichen Demokratie ist, hat er immer festgehalten. Demnach interessiert ihn der Dichter zunächst nur als Ausdruck seiner Zeit, als Symptom dessen, was er „Moment" nennt. Damit bleibt er bei jener Verbindung ästhetischer und politisch-soziologischer Betrachtung, die der damaligen französischen Geistigkeit von selbst verständlich war. In der Restaurationszeit haben die Gegner der Revolution, besonders de Maistre, den Zusammenhang der Aufklärungsliteratur mit der Revolution erkannt. Sie haben Voltaire und Rousseau für die Revolution verantwortlich gemacht. Daß sich mit politischen und sozialen Änderungen eine Änderung der Literatur und der Kunst verbindet, war damals vielen aufgefallen. In England hatte Hazlitt das in seinem „Spirit of the Age" (S. 232) namentlich bei Wordsworth durchgeführt. In Frankreich war es seit den dreißiger Jahren, wie Texte richtig sagt, geradezu ein Dogma. Taines Einteilung der Romantik in konservative und revolutionäre Romantik ist eine besonders einfache Anwendung dieser Gesichtspunkte. Seine Einteilung in historische und philosophische Romantik deckt sich zwar nicht mit der Einteilung in konservative Dichter und poets of revolt, weil er Wordsworth neben Shelley zu den philosophischen Dichtern rechnet. Aber die sogenannte historische Romantik erklärt er, auch als Kunst, für einen Ausdruck konservativer englischer Gesinnung.
Der Konservativismus von Wordsworth ist für Taine eine „Verkleidung" des neuen Geistes. Wordsworth und Shelley werden wohl nur wegen einer oberflächlichen Ähnlichkeit als „philosophische" Romantiker behandelt, weil beide die Neigung haben, zu philosophieren. Ein Kritiker mit wesentlich ästhetischen Interessen hätte in diesen philosophischen Neigungen nicht das Wesentliche ihrer Kunst gesehen. Selbst der von Taine gerühmte Aufsatz über Shelley in der National Review Oktober 1856 dringt hier tiefer in die künstlerische Eigenart Shelleys ein. Es ist auffällig, daß Taine die historischen Romantiker, die konservativ sind, nicht als „echte" Dichter behandelt, während er Wordsworth für einen wirklichen Dichter hält. „Echtheit" ist aber für ihn ein Kennzeichen des neuen, in Wahrheit revolutionären Geistes. Eine solche Betrachtung hatte schon Hazlitt (S. 233) auf

Wordsworth angewandt und in seiner „natürlichen" Sprache etwas Demokratisches erblickt. Daß Taine etwas Ähnliches tut, ist bei ihm nur konsequent. Er hatte ja auch Cowper deswegen so hochgeschätzt und die Revolution in England für eine Stilrevolution erklärt.

Die Verbindung der ästhetischen Betrachtung des Kunstwerkes mit der politisch-soziologischen Betrachtung der Zeit wird vermittelt durch das Interesse für das Publikum eines Dichters. Neue Kunst bedeutet neues Publikum. Der Dichter hat ein innigeres Verhältnis zu seiner Zeit als ein anderer Mensch. Daher kann man eine Literaturgeschichte unter politisch-soziologischen Gesichtspunkten schreiben. Bei Taine hat der Dichter aber nicht immer das gleiche Verhältnis zu seiner Zeit und zu seinem Publikum. Die Bedeutung der historischen Romantik besteht nach Taine darin, daß sie ein vollkommen zutreffender Ausdruck ihrer Zeit ist, nämlich der konservativen englischen Bourgeoisie. Andere Dichter dagegen, namentlich Byron, sind Ausdruck eines Gegensatzes zur Zeit und haben nicht die normalen Ansichten, sondern tiefere und bessere Erkenntnisse. Mit der clairvoyance du poète (IV 366) erkennt Byron die Heuchelei der englischen Zustände. Er ist also eine höhere Art Dichter. Hier wird eine soziologische und politische Bewertung zu einer ästhetischen. Die Verbindung der beiden Gesichtspunkte ist unklar geblieben und führt zu ungleichmäßiger Behandlung. Taine hat allerdings ein einfaches Mittel, das Soziologische mit dem Ästhetischen zu verbinden, indem er die Vorstellung einer literarischen „Verkleidung" soziologischer Strömungen gebraucht. Deswegen ist etwas, was er für ästhetisch wertvoll hält, für ihn auch soziologisch und politisch wichtig. Das zeigt sich in seiner Beurteilung von Cowper. Diesen hält er für einen größeren Dichter als Pope, weil er im Gegensatz zu Pope nicht für ein aristokratisches Publikum dichtet (IV 258).

Doch treten auch andere Elemente in der Erklärung eines Kunstwerkes auf. Bei Byron wird das Revolutionäre nicht aus der Zeitströmung, sondern aus der Rasse erklärt. Wie problematisch diese Erklärung ist, wurde bereits im ersten Teil der Arbeit erwähnt. Daß gerade Byron und Shelley adlig waren, ist schwer in

Einklang zu bringen mit dem demokratischen und bürgerlichen Charakter der englischen Romantik. Byron hatte jedenfalls in seinem persönlichen Wesen nichts Demokratisches und blieb immer ein selbstbewußter Aristokrat. Wenn der Plebejer Burns und der Lord Byron Ausdruck desselben demokratischen Geistes sein sollen, dann ist das Porträt, das Taine von beiden entwirft, nicht aus den gleichen Gesichtspunkten entstanden. Burns mußte als Plebejer rebellieren und gerade in der Formlosigkeit seiner Kunst wird das Zeichen des neuen Geistes gesehen. Byron rebelliert nicht als Aristokrat, sondern als „Sachse", also aus seinem Rasseninstinkt. Gerade er aber hat starke klassizistische Tendenzen, die Taine als etwas ihm Wesentliches anerkennt. Byron beschimpft sein Publikum, aber gerade deshalb bleibt er in Beziehung zu ihm. Während bei Burns und Cowper das Publikum erwähnt wird, um den zeitgemäßen Charakter dieser Künstler zu beweisen, soll bei den historischen Romantikern die vollkommene Harmonie von Dichter und Publikum gerade ihre Unfähigkeit zu einer großen Kunst beweisen. Bei Byron wird der Gegensatz zum englischen Publikum als Zeichen seiner Größe betrachtet. In allen drei Fällen ist nicht zweifelhaft, daß ästhetische oder soziologische Bewertungen sich miteinander verbinden und daß das Publikum jedesmal eine verschiedene Rolle spielt.
Die Darstellung der sogenannten Seedichter ist wohl das auffälligste Beispiel einer willkürlichen Behandlung. Taine gebraucht das Wort „Lakisten" nur beiläufig, wo er von dem Pamphlet Byrons spricht; im übrigen faßt er die mit diesem Namen bezeichneten Dichter nicht zu einer einheitlichen Richtung zusammen. Er verteilt sie auf die historische und die philosophische Richtung, aber seine Stimmung ist doch gegen alle die gleiche, so daß man beinahe aus dieser gleichen Antipathie einen Grund für die Berechtigung jener oberflächlichen Benennung entnehmen könnte. Coleridge wird ein paarmal erwähnt als „pauvre diable et ancien dragon" (IV 263), eine Wendung, die an die schlimmsten Charakteristiken Voltaires erinnert. Er nennt ihn noch einen theologischen, philosophischen und verträumten Poeten (IV 286), ferner einen der vielen Reisenden, den es damals gab (268), schließlich einen „Fabrikanten absolut neuer Rhythmen", die

an Victor Hugo erinnern sollen (265). In Wahrheit ist Coleridge für die englische Literaturgeschichte wie für seine Zeit zweifellos wichtiger als Cowper, den Taine so liebevoll behandelt. Seine kunstphilosophischen Arbeiten sind heute noch lebendig. Sein „Ancient Mariner" ist eine in der Konzeption wie in der Behandlung des Rhythmus erstaunliche Leistung. Warum dieser große Dichter, Kritiker und Philosoph gerade unter die „Historiker" gerechnet wird, nur weil er auch historische Stoffe behandelt hat, ist unerklärlich. Man wird kaum ein anderes Motiv dafür finden können, als daß Coleridge als Konservativer und als „Seedichter" in diesen Komplex gebracht worden ist.

Ebenso auffällig ist das Urteil über Wordsworth. Taine zitiert von ihm, mit Ausnahme von zwei Versen aus der Ode an die Unsterblichkeit, nur die „Excursion". Ein so wichtiges und großes Werk wie „Prelude" scheint er gar nicht zu kennen, wie er auch andere bedeutende Werke, die Balladen und die Sonette, ignoriert. Er verkennt die künstlerische Bedeutung dieses Mannes nicht, stellt ihn aber an Begabung niedriger als selbst Cowper (IV 286). Hier, bei der Behandlung von Wordsworth, verrät Taine den Grund seiner Antipathie und läßt erkennen, daß er in der Vorstellung eines gewissen Publikums liegt. Wordsworth, als eine Art ländlicher Pastor, war dem Franzosen, der von der Pariser Gesellschaft und von der französischen Romantik her eine andere Vorstellung vom Dichter hatte, unerträglich, langweilig und philiströs. Er sagt, die Dichtung Wordsworths sei zweifellos etwas Ehrliches und Schönes; aber dann verrät er seine Antipathie mit einer bezeichnenden Wendung: „Quand j'aurais vidé ma tête de toutes mes pensées mondaines, j'aimerais cette poésie" (IV 290). Die naive Gleichgültigkeit gegen jeden Eindruck auf das Publikum mußte Taine irritieren. Mit welcher Banalität wird bei Wordsworth gewandert, gegessen und geschlafen! Am Schlusse manches Gesanges, nach philosophischen Reden, fallen die Leute einfach in einen Schlaf, nicht pathetisch, nicht in den Schlaf, der seltene Träume gebiert, sondern in einen normalen, gesunden Schlaf. Man redet bei Wordsworth: „till all is tranquil as a dreamless sleep". Konservative Gesinnung, gute Gesundheit und unbeirrte Moralität treffen hier zusammen und irritieren das Urteil Taines über den Dichter. In jener Wendung, daß er alle „mondainen" Vorstellungen aufgeben müsse, um Wordsworth zu schätzen, liegt der Grund seiner Abneigung. Die Figuren von Wordsworth, Landpfarrer und ähnliche Leute, sind nicht das Publikum, das Taine interessiert.

Aus diesem Interesse am Publikum wird man auch die eigenartige Behandlung erklären können, die Keats erfährt. Taine spricht vorübergehend von ihm; allerdings in Bemerkungen, aus denen zu entnehmen ist, daß er ihn wohl kannte. Er nennt ihn mit einer stereotypen Wendung immer mit Shelley zusammen, zweimal in der englischen Literaturgeschichte, wo er die „visions paiennes" von Keats und Shelley neben den „méditations chrétiennes" von Campbell und Wordsworth gegenüberstellt und von der imagination maladive von Shelley und Keats spricht[1]). Doch geht er nicht auf Keats ein, wie er auf andere, zweifellos weniger bedeutende Dichter eingegangen ist. Taine verzichtet nun öfters darauf, eine Persönlichkeit, die ihn nicht interessiert, zu „porträtieren". Bei Keats aber ist diese Unterlassung auffällig, weil manche Gründe vorlagen, gerade ihn hervorzuheben. Er war in Frankreich seit langem bekannt[2]). Sainte Beuve kennt und zitiert ihn[3]). Auch der Aufsatz in der „National Review" von 1856, den Taine so rühmt, spricht ausführlich von Keats und dem Gegensatz zwischen ihm und Shelley, den er geradezu mit dem Gegensatz von romantisch und klassisch in Verbindung bringt. Bei Keats liegt auch nichts von dem vor, was die Abneigung gegen den konservativen englischen Romantiker erklärlich macht. Er gehörte zu einem Kreise, für den Taine sonst besonderes Interesse zeigt, zu Shelley und Byron. Als Freund von Leigh Hunt, der 1815 für einen Märtyrer der Freiheit galt, hätte er Taine interessieren können. Tory-Zeitschriften haben Keats fühlen lassen, daß er zu diesem liberalen Kreise gehörte[4]). Seine große künstlerische Bedeutung war längst anerkannt. Byron und Shelley

---

[1]) Livre I, cap. 1, § 4 und IV 355; vgl. auch den Brief an den Direktor des Journal des Débats bei Giraud, S. 280.
[2]) Vgl. Jos. Texte VII 724, VIII 680.
[3]) Causeries du Lundi I 235, XI 165.
[4]) Herford, S. 258.

haben ihn bewundert, auch Wordsworth, der nicht leicht eine fremde Leistung beachtete, konnte ihn nicht ignorieren. Lamb rühmt ihn außerordentlich, und Hunt antwortet in seiner Autobiographie auf den Vorwurf, er habe Keats unterschätzt: „I might as well have been told that I wish to see the flowers or the stars undervalued, or my own heart that loved him[1])."
André Chevrillon glaubt außerdem, daß eine geistige Verwandtschaft besteht zwischen der Intuition von Keats und der von Taine, indem er sagt: wie Keats in ein paar Marmorstücken, die Lord Elgin in die Traurigkeit Londons gebracht hat, im Geiste ganz Griechenland sehen konnte, so erblickte Taine in einer Kleinigkeit ein ganzes Jahrhundert[2]).
Aber trotz eines Sonettes auf Hunt und eines auf Kosciusko — zwei ziemlich bedeutungslose, jugendliche Leistungen — und trotz einer Anspielung in dem Gedicht an die Hoffnung, war Keats kein Dichter, der in irgendeinen politischen Zusammenhang zu bringen war. Er ist absolut unpolitisch. Nichts von den großen historischen Dingen seines Zeitalters interessiert ihn; weder die französische Revolution noch die Reaktion der Restaurationszeit läßt sich in seinen Versen erkennen, weder die unmittelbare politische Aktualität noch irgendein Reflex sozialer Vorgänge. In der politischen oder sozialen Geschichte ist sein Name wirklich, wie er in seiner Grabschrift sagt, „auf einer Wasserwelle geschrieben". Sein Werk hat nicht das, was Sainte-Beuve „le cachet de son temps" nannte. Im Vergleich zu ihm sind alle anderen Romantiker im höchsten Grade politisch aktuell[3]).
Was Taine an Byron bewundert und besonders interessant findet, die überlegene Ironie im Don Juan, war Keats widerlich und verächtlich. Er hat auf seiner letzten Reise an der Portugiesischen

---

[1]) Autobiographie vol. II, S. 41.
[2]) Revue de Paris 15. Mai 1908, S. 298.
[3]) Lucien Wolff, John Keats, S. 634: „Jamais un poète parmi des sollicitations peu ardentes ... du monde extérieur ne se confina aussi absolument en la joie de l'inspiration, en ses visions de Beauté, en ses aspirations vers l'Art ... jamais un poète n'a vécu plus absolument pour la poésie et par la poésie."

Küste die Lektüre nicht mehr ertragen und den Band zornig beiseite geworfen[1]). Keats' absolute Hingabe an die Schönheit widersprach allen politischen und soziologischen Instinkten Taines. Den starken Sensualismus in der Lyrik von Keats mußte er als etwas im Kern Passives empfinden, das eine politische Aktivität unmöglich macht. Der Hyperion des Keats hat nicht das, was Taine an Burns, Byron und andern Revolutionären hochschätzt. Dieser Hyperion ist kein Rebell; er ahnt „the eternal law that first in beauty should be first in might". Die siegreichen Götter sind schöner als die besiegten Titanen, und Hyperion empfindet eine Resignation, die allem widerspricht, was Taine sonst als den Kern der romantischen Bewegung auffaßt: das machtvolle, unwiderstehliche Vorwärtsstreben einer neuen Klasse, der Bourgeoisie, gegen eine erstarrte Aristokratie. Im Vergleich zu Hölderlin ist der Hyperion des Engländers allerdings noch voller Aktivität und keineswegs der Eremit, den der deutsche Dichter aus seinem Helden macht. Hier würde immer noch zutreffen, was Taine sonst jedesmal feststellt, wenn er einen englischen Dichter mit einem deutschen vergleicht: Carlyle mit seinen deutschen Geistesverwandten, Byrons „Manfred" und Goethes „Faust", immer unterscheidet sich der Engländer durch seine Aktivität vom Deutschen. Aber im Rahmen dessen, was Taine als englische Aktivität bezeichnet, ist Keats absolut passiv und mit den Begriffen von Taines Literaturgeschichte gar nicht zu konstruieren. Alle diese Gründe, die es bewirken konnten, daß Keats trotz seiner künstlerischen Größe einem sonst so verständnisvollen Kritiker wie Taine fremd blieb, haben ihre Wurzel in einem soziologischen Moment. Keats ist nicht nur ohne Zusammenhang mit der politischen und sozialen Zeitgeschichte, er fällt nicht nur aus dem Rahmen dessen, was Taine als wesentlich englisch konstruiert, er ist überhaupt ohne Milieu, und daher soziologisch nicht zu erfassen. Es wäre oberflächlich und nicht mehr wie eine kleinliche Bosheit, wenn man Taine den Einwand machen wollte, er könne mit seinen wissenschaftlichen Methoden Keats nicht erklären, weil hier die Theorie vom Milieu versagt. Keats kam aus einer sozial gedrückten Umgebung; ihm hatte der Scotch

[1]) Wolff, loc. cit.

Reviewer das berüchtigte „Back to your gallipots, John Keats" zugerufen. Wie sollte der Sohn eines Londoner Droschkenkutschers, der entlaufene Apothekerlehrling, zu dieser unerhörten Vollendung des Schönheitssinnes gelangen, und warum mußte er nicht wie Burns Revolutionär werden? Aber eine solche Erwägung trifft nicht das Wesentliche. Es kommt hier nicht darauf an, die Unzulänglichkeit der Rassen- und Milieutheorie darzulegen. Vielmehr lag ein tieferer Grund vor, um Keats dem Interesse von Taine zu entziehen. Als absolut ästhetisches Phänomen bleibt er soziologischen Induktionen unzugänglich, und zwar deshalb, weil er nicht zu einem Publikum in Beziehung gebracht werden kann. Weder kommt er von einem Publikum noch spricht er zu ihm. Er ist einsam. Immer wird er Bewunderer finden, in allen Ländern, aber nie eine Gemeinschaft, die man soziologisch zu einer Einheit zusammenfassen könnte. In dieser Fähigkeit aber, das spezifische Publikum, von dem ein Künstler herkommt und zu dem er spricht, zu charakterisieren, den Künstler aus seinem Publikum abzuleiten, liegt die besondere Begabung und Größe Taines als eines Literarhistorikers. So hat er das Publikum von Racine geschildert, das von Shakespeare, von Burns, von Walter Scott, von Tennyson und von Alfred de Musset. Keats aber hat kein Publikum, Shelley hat das in der Ode Adonais am schönsten so ausgedrückt: a herd-abandoned deer. Darum bleibt er Taine unzugänglich. Trotz seiner starken literarischen und ästhetischen Interessen vermag Taine niemals davon abzusehen, eine künstlerische Erscheinung in einen soziologischen oder politischen Zusammenhang zu bringen. In dieser Vermengung soziologischer, politischer und ästhetischer Gesichtspunkte liegt der Grund der meisten Ungleichmäßigkeiten und Willkürlichkeiten seiner englischen Literaturgeschichte.

II. TAINES KRITERIEN IN IHREM EINFLUSS AUF SEINE DARSTELLUNG.
1. DAS IDEAL VON ENERGIE UND LEBEN.
Den Begriff des Romantischen leitet Taine nicht aus Rasse und Milieu, aber auch nicht aus rein ästhetischen Gesichtspunkten

ab, sondern aus dem „Moment", dem eigenartigen Geist der Epoche. Die Romantik ist ein Ausdruck des neuen Lebens, die Demokratie ihre politische Form. Auch darin, daß die romantische Bewegung mit der französischen Revolution in Verbindung gebracht wird, erhält der Begriff politische Bedeutung. Revolution bedeutete aber damals für Taine etwas Wertvolles und ein neues Leben; es war die Beseitigung eines alten erstarrten Zwanges und die Befreiung menschlichen Lebens von künstlichen Schranken. Daraus folgt auch die hohe Bewertung der revolutionären Dichter und die außerordentliche Bedeutung, die er Byron zuweist.

Der eigentliche Herold dieser Auffassung der Revolution war Michelet. Sein Einfluß auf Taine ist groß, wenn auch nicht so entscheidend wie der anderer Künstler oder Gelehrter. Schon in der école normale haben seine Lehrer Taine den Enthusiasmus für Michelet vermittelt (Giraud S. 19). Wenn Taine in seinem Essai über Michelet von dessen „imagination passionée" spricht, so erteilt er ihm das gleiche Prädikat, das er Shakespeare gibt. Für den Historiker war die Revolution das Erwachen eines neuen Lebens der Menschheit. Das ist der Grundgedanke seines geschichtlichen Werkes, den er unzählige Male mit großartigem Pathos wiederholt hat. Die Revolution war das neue Leben, die neue Kraft, ein Triumph der Humanität. Alles, was dieser Mann in seiner enthusiastischen Güte in der menschlichen Natur zu finden glaubt, entdeckt er wieder in der französischen Revolution. In der Vorrede zum ersten Band seiner Geschichte der französischen Revolution (vom 31. Januar 1847, Bd. I S. 31) spricht er von ihrem „caractère profondément pacifique, bienveillant, aimant". Mit hinreißender Beredsamkeit hat Michelet diese Idee der französischen Revolution begründet und damit eine Tradition geschaffen, die heute noch lebendig ist. Denn in Frankreich hat auch die Revolution eine Tradition. An drei Dinge glaubt Michelet mit religiöser Inbrunst: an Frankreich, an das Volk und an die Revolution. Was er von einem dieser drei sagt, gilt für alle anderen. Alle drei sind die wahren Träger großartiger Energie und unverdorbener Instinkte. In der Schrift Le peuple (1846), die wohl das am meisten charakteristische Denkmal dieses

großen und edlen Mannes ist, hat er seinen Glauben an das Volk und an die Revolution ausgesprochen. Von diesem Buch sagt er, in der an Edgar Quinet gerichteten Vorrede: „Je l'ai fait de moi-même de ma vie et de mon cœur." Frankreich ist die Revolution. „La France, sachez le, n'aura, jamais qu'un seul nom, inexpiable qui est son vrai nom éternel, la Révolution" (S. 37). Taine hat diesen Enthusiasmus nicht übernommen, vielmehr wirkt, wie unten zu zeigen sein wird, in seiner Beurteilung der französischen Revolution die Auffassung von Guizot mit. Aber in seiner Überzeugung, daß gegen Ende des achtzehnten Jahrhunderts neue lebendige Kräfte sich entfalten und in der französischen Revolution ihren Ausdruck finden, ist neben anderen auch noch die Einwirkung von Michelet zu erkennen, sonst hätte er wohl nicht gegen Carlyles Herabsetzung der französischen Revolution gerade deren „edle Humanität" betont (V 233). Das Bild von der unwiderstehlichen Kraft der neuen Ideen wiederholt er immer. Romantik wie Revolution sprengen das enge Kleid des überlieferten klassischen Geistes. Daher sind Revolution und Romantik zugleich das Neue und zugleich das Lebensvolle und Kräftige. Der Gegensatz zu der Beurteilung der Revolution in den *Origines* ist hier besonders auffällig. Aber was den Begriff der Romantik angeht, so besteht doch wieder eine Übereinstimmung. Denn das Verdammungsurteil gegen die französische Revolution gründet sich ja gerade auf den Nachweis, daß sie eine Äußerung des esprit classique ist. Aus der Darstellung in der englischen Literaturgeschichte merkt man die Begeisterung für die Energie, die sich damals entfaltete.
Michelet liebt das Wort Energie. Es ist für ihn ein Ideal von Kraft und Leben. Deshalb sieht er sowohl im Volk wie in der Revolution wie in Frankreich vor allem die Energie (Le peuple S. 185). Dieser Kult der Energie hatte aber bei einem Anderen einen Ausdruck gefunden, der auffälliger und tiefer als Michelet das Urteil Taines bestimmt: Stendhal. Sein Einfluß auf Taine dürfte stärker und prägnanter sein als der von Balzac und Flaubert, die Brunetière nebeneinander als die für Taine besonders wirksamen Dichter aufzählt.
Im ersten Teil der Arbeit konnte schon in den Urteilen über

Walter Scott, Shelley und Byron die starke Nachwirkung Stendhals festgestellt werden. Aber die Einwirkung zeigt sich auch in den allgemeinen Grundideen und geht weit über die Einzelheiten hinaus. Taine hat seine Begeisterung für Stendhal nicht verborgen. In seinem Essai über ihn rühmt er den „esprit supérieur" und erteilt seinem Stil ein Lob, das im Munde Taines besonders wichtig ist: der Stil ist vollkommen und hat nichts Oratorisches. Chevrillon erzählt, daß die zwanzig Seiten, auf denen in der Chartreuse de Parme die Schlacht bei Waterloo erzählt ist, „lui paraissaient de certaines et miraculeuses resurrections", daß er die Iphigenie Goethes, die Chartreuse de Parme, Madame Bovary und einige Novellen von Turgenjeff für die Gipfel der Literatur des 20. Jahrhunderts hielt. Von der Chartreuse sagte er, er gäbe alles, nochmals alles, was er geschrieben habe, um sie geschrieben zu haben; er habe sie sechzigmal gelesen [1]).
Unter den „traits significatifs", die er in der Einleitung zu seiner Darstellung der englischen Romantik gibt, erwähnt er als besonders charakteristisch das Verhalten der jungen Revolutionssoldaten, die bekanntlich auch ein Hauptgegenstand von Stendhals Enthusiasmus waren. Er führt sie als Beispiel dafür an, welche Kraft und Energie in der neuen Bewegung steckt. In diesem Kapitel könnte man wenigstens zwei Seiten lang (IV 218/219) glauben, eine wörtliche Übertragung aus Stendhals Vie de Napoléon (ch. XVIII) zu lesen. Aus der großen Menge von einzelnen Tatsachen, die hier zur Verfügung stehen, wählt er eine Erzählung Stendhals aus. Aber nicht nur diese Erzählung, für welche er Stendhal zitiert, auch die anderen „traits significatifs" stammen von ihm; insbesondere hält er es für erwähnenswert, den jungen Napoleon als den Leutnant zu zitieren, „qui en ce moment en Italie et ayant la gale vient de détruire cinq armées", was auch Stendhal besonders erwähnenswert gefunden hatte. Julien Sorel ist für ihn ein Repräsentant der neuen Zeit, deren Kennzeichen die carrière ouverte aux talents ist. In dem Konkurrenzkampf der aufstrebenden Plebejer entsteht ein neues

[1]) Revue de Paris 15. Mai 1908, S. 305, 1. Juni, S. 592 und 606; Correspondance II, S. 67.

Ideal von Energie und Heldentum. In der Schilderung Taines lebt die Stimmung, mit der Stendhal und Balzac diesen Konkurrenzkampf schildern.

Stendhal ist nun allgemein ein großer „excitateur d'idées", wie Sainte-Beuve ihn nennt. Für diese seine Rolle kann es übrigens gleichgültig sein, ob man ihm Plagiate nachweist oder nicht [1]). Allerdings ist es wahrscheinlich, daß er einige literarische Hochstapeleien getrieben hat und Ideen und Formulierungen nahm, wo er sie fand. Aber es kommt darauf an, wie er das zu Unrecht genommene Gut wieder ausgegeben hat, und das hat er jedenfalls in großartiger Weise getan. Brunetière faßt die Elemente der Romantik, die auf Stendhal zurückgehen, in folgender Aufzählung zusammen: „Stendhal a fourni au romanticisme le principe de la représentation du caractère comme objet essentiel de l'art tant que le caractère est l'expression du tempérament physiologique des individus et des peuples, le principe de la glorification de l'énergie, son admiration pour Napoléon, pour l'Italie et pour l'Angleterre; prouve essentiellement sa sympathie pour la résistance des individus aux conventions et aux lois de la société."

Von allen diesen Momenten lassen sich auch Einflüsse bei Taine erkennen. Für die Grundidee, die seine Auffassung der Romantik beherrscht, wird der allgemeine Gegensatz von Leben und Lebensunfähigkeit zu dem Gegensatz von romantisch und klassisch. Romantik und lebendige Energie gehören zusammen. In Stendhals Schrift über Racine und Shakespeare (1823) [2]) lautet die berühmte Definition: „Le romanticisme est l'art de présenter aux peuples des œuvres littéraires qui, dans l'état actuel de leurs habitudes et de leur croyances sont susceptibles de leur donner le plus de plaisir possible." Diese Definition besagt eigentlich nur: das Romantische ist Ausdruck der lebendigen

---

[1]) Über die Plagiate, die, wie in anderen Schriften von Stendhal, auch in dem hier interessierenden Aufsatz über Racine und Shakespeare gefunden wurden, vgl. Paul Hazard, Revue des deux mondes 15. September 1921, S. 351.

[2]) Zwei Artikel Racine und Shakespeare erschienen zuerst in der Paris Monthly Review, 1823 erschien die Broschüre, 1825 die vollständige Schrift mit dem zweiten Teil.

Gegenwart, das Klassische das überlieferte und überlebte Alte; das Romantische ist das Interessante und Aufregende, weil es aktuell, jugendlich und lebendig ist, das Klassische ist das Konventionelle, Erstarrte, Langweilige. So wendet Stendhal das Wort tatsächlich an; er sagt z. B. (Correspondence I, S. 110, 1819), das Urteil des Publikums sei, weil die Frauen ebensoviel dazu beitragen wie die Männer, ohne „pédanterie et par conséquent ultraromantique".

Auch bei Taine ist das Romantische das Revolutionäre und das Lebendige, und das Klassische das Künstliche und das Veraltete. Sogar die Idee vom esprit oratoire, die das ganze Lebenswerk von Taine beherrscht, ist schon bei Stendhal erkennbar und hängt mit diesem Gegensatz von klassisch und romantisch eng zusammen. Das Klassische ist deshalb nur etwas Rednerisches, weil es nicht unmittelbar echt ist, weil nicht das lebendige Gefühl sich unmittelbar ausspricht, sondern nach bestimmten Regeln sich umschreibt. Stendhal hat das schon so entschieden ausgesprochen, daß man glauben könnte, Taines großer Kampf gegen den esprit oratoire sei nichts anderes als eine gelehrte und systematisch begründete Umschreibung des Gegensatzes vom wirklichen Leben und bloßen Reden über das Leben. „Eloquence" ist auch im Munde von Stendhal ein Einwand gegen einen Künstler. So macht er Byron den Vorwurf, daß er seine Personen nicht dramatisch gestaltet, sondern nur beredsam macht und, in der Schrift Racine et Shakespeare zeigt er an schönen Beispielen, daß das klassizistische Drama nur ein sorgfältig stilisiertes Gerede ist. Von Racine und Alfieri sagt er, daß ihre klassischen Helden reden und selbst, wenn sie in wahre Leidenschaft geraten, doch immer sich des Lebens bewußt bleiben, immer „contents de si bien parler".

Taine übernimmt den Gegensatz von künstlicher Rhetorik und Ausdruck echten Lebens. Die Revolution und die Demokratie sind der politische Ausdruck der neuen Kraft; in England ist eine Stilrevolution die verkleidete Äußerung derselben Art Energie. So wird Burns der Vorläufer der Revolution, und selbst der Familienpoet Cowper kann als Symptom der neuen Zeit erscheinen, weil er echtes Leben unmittelbar und ohne rhetorische

Umschreibung ausdrückt (IV 262/3). Die Regeln der Rhetorik und der Beredsamkeit legen sich wie ein Panzer auf das Leben des Geistes. Dem Starren, Geradlinigen, Appretierten (rigide, roidi, rectiligne, l'apprêt) wird das Lebendige, la vie toute entière, le mobile, les nuances fugitives, entgegengehalten, den vérités humanitaires, den classifications rigides, den Konventionen und Regeln, dem beau casier commode des alten Stils, die tiefe Wahrheit des Neuen, das seine höchste Vollendung dann erreicht, wenn die Form überhaupt zu verschwinden scheint; „la forme semble s'anéantir et disparaître" (IV 246). Die Form ist wie eine tote und feste Kruste über dem Leben. Das Leben sprengt diesen engen Panzer; l'enveloppe étroite crève (IV 285) und biegt die gerade Linie der vornehmen Form auseinander. Es versteht sich von selbst, daß Taine nicht jede Formlosigkeit für höchste Kunst hält, aber in solchen Äußerungen zeigt sich doch, von welcher Idealvorstellung er bei seiner Auffassung der Romantik zunächst ausgegangen ist. Das Neue und unmittelbar Gegenwärtige ist als solches gegenüber dem Alten und Überlieferten wertvoll, weil es Kraft, Energie und Leben ist.

2. DIE IDEALVORSTELLUNG VOM DICHTER.

Das romantische Ideal von Energie und Kraft hatte mit einer furchtbaren Desillusion geendet. Die Romantik war zur Dichtung des Weltschmerzes geworden. Byron gilt für Taine als der eigentliche Romantiker und die „Krankheit des Jahrhunderts" als die romantische Krankheit. Sainte-Beuve hat das so charakterisiert: Hamlet, Werther, Childe Harold, les Renés purs sont des malades pour chanter et souffrir, pour jouir de leur mal — la maladie pour la maladie (Lundis XV 371).
Taine schildert diese Krankheit am Schlusse des Kapitels über Byron und legt das Bekenntnis ab, daß er selbst an ihr gelitten habe (IV 386). Aber während er hier in der Wissenschaft ein Heilmittel sieht, zeigt er am Schlusse des Kapitels über Tennyson, daß er sich von der romantischen Idealvorstellung des schmerzzerrissenen Dichters doch nicht frei machen kann. Er zieht Musset vor, weil dieser der wahre Dichter sei und in seinem Schmerz

und in seiner Verzweiflung seine Größe offenbart. In Musset erblickt er einen großen Dichter, der die ganze Verzweiflung der Zeit ausspricht und deshalb der eigentliche Ausdruck seiner Zeit ist. Taine hat seine Ansicht über Musset später wohl geändert, wenigstens tritt nach 1870 das Interesse an ihm kaum noch hervor. Zur Zeit der englischen Literaturgeschichte gehörte Taine zu den „délicats", die, wie Sainte-Beuve sagt, damals alle Musset bewunderten (Cahiers S. 34). Baudelaire hat damals schon in seinen Fusées (1855) Musset ein schamloses verwöhntes Kind genannt, einen commis, der nicht weiß, welche Arbeit dazu gehört, aus einer Träumerei ein Kunstwerk zu machen.
Zwei Eigenschaften sind es, die man an dem Ideal des modernen Dichters, wie es bei Taine herrscht, wahrnehmen kann. Die erste ist unmittelbar auf den großen Eindruck von Musset zurückzuführen. Es ist eine gewisse Abnormität gegenüber dem normalen bürgerlichen Leben. Die Dissonanzen der modernen Zeit empfindet der Dichter heftiger als ein gewöhnlicher Mensch. Seine verzweifelte und fiebernde Seele ist einer harmlosen, idyllischen Freude nicht mehr fähig. Nicht als ob dies Taines absolutes Ideal eines Dichters wäre. Der wahre und größte Dichter der neuen Zeit, Goethe, ist nach Taine ein gesunder Mensch. Er hatte die Kraft „de diviniser les puissances physiques", weil er ein „enfant bien portant" war, wie Homer. Um das spiritualistische Mittelalter zu vergöttlichen, bedurfte es eines „enfant malade", wie Dante. Goethe macht das Mittelalter wieder lebendig, aber nicht als gläubiger Christ, sondern als denkender Mensch, als „penseur". Überall ist Leben, also Schönheit. Der moderne Dichter ist krank. Der Gegensatz zwischen romantisch und klassisch wird mit dem Gegensatz von christlichem Mittelalter und heidnischer Antike vermischt. Der Gegensatz von gesund und krank spielt ebenfalls hierherein und zeigt die ganze Verwirrung des Begriffes romantisch. Daß aber der moderne Dichter etwas Abnormes sein muß, dringt trotz der Bewunderung für Goethe bei Taine immer wieder hervor. Der wahre Dichter steht in einem Gegensatz zum bürgerlichen Leben. Wenn er wirklich groß sein soll, kann er kein normaler Untertan, Familienvater oder dergleichen sein. Er hat etwas Revolutionäres, selbst Anarchistisches wie Burns.

Er bäumt sich gegen die bestehende Konvention auf, wie Byron, und zeigt sich gerade darin als wahrer Dichter. Es ist sonderbar, daß ein Mann wie Taine, dessen privates und Familienleben mit solcher philiströsen Vorschriftsmäßigkeit verlief, sich ein derartiges Ideal von einem Dichterleben machen konnte. Er scheint alle Dichter zu verachten, die ein im bürgerlichen Sinne normales Leben führen. Das abfällige Urteil über die historische Romantik beruht ausgesprochen darauf. Walter Scott kann nicht in den großartigen Geist vergangener Zeiten eindringen, weil er ein zu guter Mensch, ein guter Familienvater und vorschriftsmäßiger Staatsbürger ist (IV 272). Wer die anerkannte bürgerliche Moral übernimmt, scheint eben dadurch seine Unzulänglichkeit als Dichter zu beweisen. Alles Moralisieren ist Taine verhaßt und irritiert ihn namentlich bei den Lakisten, besonders bei Wordsworth. „L'artiste n'a pour but que de produire le beau, le savant n'a pour but que de trouver le vrai. Les changer en prédicateurs, c'est les détruire. Voilà pourquoi vous me voyez si mal disposé contre les littératures qui s'érigent en institutrices et contre les philosophies, qui s'érigent en gardiennes de l'ordre public ... c'est une gendarmerie intellectuelle[1]." Damit war Wordsworth schon im Voraus verurteilt. An diesem Dichter mußte ihn der Mangel an jeder Ironie, vor allem an jeder Selbstironie, irritieren. Wie hätte auch Wordsworth die Anerkennung eines Kritikers finden können, dessen Psychologie auf Stendhal zurückging und der in Musset den wahren Ausdruck der Zeit sah. Wordsworth mußte ihm als moralisierender Provinzler erscheinen. Nur wenn man alle „mondainen" Vorstellungen aufgab, konnte man ihn schätzen (IV 290). Wenn Taine Wordsworth trotzdem als einen Ausdruck der neuen „forme d'esprit" gelten läßt, so stellt er ihn doch gleich hinter Shelley zurück, um das ruhige Leben des braven Seedichters mit dem extravaganten Treiben Shelleys zu vergleichen. Bei Shelley hält er es für wichtig, daß dieser ein Mädchen von achtzehn Jahren heiratete, und zwar trotz seiner vornehmen Abstammung ein Mädchen aus dem Volke, daß die beiden sich bald trennten, daß sie Selbstmord beging, daß er

---

[1] Taine, Correspondence, vol. II, S. 122.

seine Gesundheit ruinierte usw., und daran wird unmittelbar die Frage geknüpft: n'est ce point là une vraie vie de poète? (IV 218). Das, was er Tennyson an wahren Dichtereigenschaften zubilligt, führt er nur auf die passion personnelle et les préoccupations absorbantes zurück, die den Dichter beherrschen und die Tennyson im allgemeinen fehlen (IV 455). Der Dichter „sent trop vivement pour être paisible". Sein Herz muß heftig schlagen, eine Explosion der Gefühle gehört zur Poesie, eine „secousse"; der Dichter lebt schneller als ein gewöhnlicher Mensch usw. (V 428, 435). Von Moore sagt er, jeder wahre Dichter müsse „un peu fou" sein, aber das fehle den Engländern, während es die Deutschen, besonders Heine, haben. Heine ist für ihn wegen seiner Ironie und Zerrissenheit ein Beispiel des großen Dichters. So wenig er aber in der absoluten Formlosigkeit das absolute Schöne sah, so wenig bedeutete für ihn das Kranke ohne weiteres das Poetische. Über Poe äußert er sich (1865) in einem Brief an Baudelaire [1]), daß er ihn für einen großen Dichter und „esprit germanique" halte. Er vergleicht ihn mit Heine, fügt aber hinzu, er sei „ruiné par l'alcool". Im übrigen bleibt er dabei, daß zwischen Moral und Kunst ein Gegensatz besteht. „Les arts ont besoin d'esprits oisifs, délicats, point stoiciens."

Der abnorme bürgerliche und physische Zustand des Dichters ist aber nur physiologische und psychologische Voraussetzung und zugleich Folge der zweiten Eigenschaft des Dichters, seiner Intuition und Divination. Der Dichter hat eine „machine nerveuse" und sieht infolgedessen die Dinge anders als gewöhnliche Menschen (IV 249). Die künstlerische Sensibilität ist ein hervorragendes Organ der Erkenntnis. In den Ausführungen über Carlyle stellt Taine diese dichterische Divination als etwas durchaus Gleichberechtigtes neben die methodische Wissenschaftlichkeit des Gelehrten (V 279). „Entrer le premier dans quelque province inexplorée de la nature humaine" ist die eigentliche Aufgabe des Dichters, darum ist Byron ein so großes Genie. Sowohl in der menschlichen Seele wie in den Dingen der Außenwelt sieht er besser wie andere Menschen. „Les vrais artistes sont perspicaces" (IV 366). Daher zeigen sich Änderungen des Zeit-

[1]) Mercure de France, 1. April 1906, S. 373.

geistes am deutlichsten und am besten bei den Dichtern und Künstlern. Michelet hatte in der bildenden Kunst das eigentliche Ausdrucksmittel der Zeit gesehen und gesagt: „Une chose ne peut tromper, c'est l'art [1]." Daher sieht auch Taine im Dichter den besten Kritiker seiner Zeit, und die Kritik, die Byron an den sozialen Zuständen in England geübt hat, bewundert er deshalb, weil sich der klare Blick des wirklichen Künstlers darin bewähre. Dadurch wird aber der Dichter wiederum aus der Abnormität des romantischen Ideals herausgehoben und dem Wissenschaftler angenähert. Taine sagt allerdings am Schlusse der Schilderung Byrons, die Zeit der Divination sei vorbei (IV 388), aber in dem später folgenden Essai über Carlyle erkennt er die Intuition und Divination wiederum als Erkenntnismittel an (V 279). Bei den Dichtern, die er als Meister bewundert, namentlich bei Stendhal, schätzt er gerade die richtige Erkenntnis der Zeit. Er verdankt Stendhal nicht nur ästhetischen Genuß, sondern auch eine Bereicherung seiner soziologischen Einsicht. Seine Darstellung der Zeit ist davon beherrscht, daß z. B. Julien Sorel ein typischer Repräsentant der Epoche ist, die durch den aufstrebenden Plebejer gekennzeichnet wird. Der Dichter ist also nicht mehr bloß ein krankes abnormes Geschöpf. Das romantische Dichterideal steht in unvermitteltem Widerspruch mit der Forderung, daß der Dichter positive Erkenntnis vermitteln soll. „Nous demandons", schreibt er 1862, „qu'on nous montre des personnages moins rêveurs, moins chimériques, exemptes des imaginations humanitaires, moins occupés à lever de grands bras vers l'absolu, plus prompts à comprendre le monde et à se comprendre eux-mêmes, bref plus positifs et plus critiques [2])." Diesem wissenschaftlichen Ideale entsprach allerdings nicht Musset, wohl aber Stendhal, Balzac und vor allem Flaubert.

3. DAS POLITISCHE IDEAL.

Stendhal, der in hohem Maße die Urteile Taines beeinflußt hat, und Byron, den Taine als einen typischen Engländer und Roman-

---
[1]) Histoire du XIX siècle bei der Charakteristik des napoleonischen Zeitalters.
[2]) Taine, Article sur Daniel Vlady, histoire d'un musicien. (Débats 2. August 1862.)

tiker aufs höchste bewunderte, waren beide das, was man zu ihrer Zeit liberal nannte. Sie waren auch Demokraten, aber nicht für ihre Person. Jeder von ihnen zeigte ein aristokratisches und hochmütiges Selbstbewußtsein, das ebenso stark war wie das Interesse am Volk. Was Taine angeht, so stand er politisch ebenfalls in der Opposition, der Staatsstreich von 1851 hatte ihn aufs tiefste empört. Er sah darin ein Attentat auf die Freiheit (Monod S. 78/79). Seine Ideale waren „la liberté et la science". Im Jahre 1849 wurde er bei Guizot eingeführt, der damals aus England zurückgekehrt war. Taine hat für diesen Liberalen die größte Verehrung empfunden. Als Gelehrter, als Mensch und als Politiker mußte Guizot einen starken Eindruck auf den jungen Taine machen. Trotz der Verschiedenheit ihrer philosophischen und religiösen Überzeugungen ist der Einfluß Guizots überall zu erkennen. Das ist bei dem empfänglichen Charakter Taines leicht erklärlich, zumal Guizot, der sich des jungen Mannes mit großem Eifer annahm, der erste bedeutende Politiker und Staatsmann war, mit dem Taine in Berührung kam und von dem er einer Freundschaft gewürdigt wurde. Die Eindrücke seiner Jugend aber sind für Taine sein Leben hindurch bestimmend gewesen. Chevrillon sagt, Taine habe die Erfahrungen seiner Jugend verallgemeinert (Revue de Paris, 15. Juli 1902, S. 345). Nicht nur mit Guizot selbst war Taine befreundet, sondern auch mit seinen Verwandten. Seiner Freundschaft für Guillaume Guizot hat er ein Denkmal gesetzt in der Einleitung zu seinem Artikel über Menander (1853) und in den Débats (1866) [1]. Über Guizot selbst, dem auch die englische Literaturgeschichte gewidmet ist, hat er einen Essay veröffentlicht, in welchem er seinen verehrten Gönner gegen einen Vorwurf verteidigt, der von Taine selbst hätte am ersten gemacht werden können, nämlich den Vorwurf, daß Guizots Geschichtschreibung abstrakt und generalisierend sei und die Zeit nicht konkret und lebendig genug schildere.
Eine Äußerung in jenem Essay über Guizot zeigt, was auf Taine den größten Eindruck gemacht hat. Er zitiert (S. 82) einen Satz

---

[1] Beide Artikel fehlen in den gesammelten Werken Taines; darüber Giraud in der Revue de la Suisse catholique, März 1900.

Guizots und sagt, daß dieser Satz wegen seiner Präzision und seines Stils ein Meisterwerk sei, daß man ihn zehnmal lesen müsse, um ihn zu verstehen, und daß er ein ganzes Kapitel wert sei. Der Satz betrifft die Erklärung der politischen Freiheit aus dem Protestantismus. Daß England als protestantisches Land der Hort der Freiheit sei, hat Taine von Guizot übernommen. Auch seine persönlichen Neigungen zum Protestantismus gehen wohl zum großen Teil auf Guizot zurück. Das ist von Giraud hervorgehoben worden, dagegen scheint noch nicht bemerkt zu sein, wie stark Taine in der Grundidee, die er von der englischen Romantik und von seiner Zeitepoche hat, von Guizot abhängig ist. Guizot selbst gehörte zu den Vorkämpfern Shakespeares in Frankreich. Das bedeutete damals, in den zwanziger Jahren, Romantik. In der Vorrede zu seiner Shakespeareübersetzung von 1821 sagt er, daß eine Kunst von der Art Shakespeares der modernen Zeit besser entspricht als das klassische System. In der allgemeinen Auffassung der Romantik konnten Taine und Guizot manche Berührungspunkte finden und sich trotz des philosophischen Gegensatzes verständigen. In der Auffassung dessen, was der „Moment" der Epoche war, mußte der erfahrene Staatsmann dem jungen Gelehrten überlegen sein und einen bestimmenden Einfluß auf ihn ausüben. Das läßt sich in der Tat nachweisen an Taines Grundidee, daß die Signatur der Epoche die Demokratie sei, und daß in England eine ideale Verbindung von Demokratie und Konservatismus eintrat.
Die Schrift Guizots „De la démocratie en France" erschien 1848. Sie sagt von der Demokratie: „C'est le mot souverain universel" (S. 2) und sieht in der unwiderstehlichen Ausbreitung demokratischer Ideen etwas Providentielles, das menschliche Kraft nicht aufhalten kann, wie das zuerst Tocqueville in seinem Buch über die Demokratie in Amerika getan hatte.
Niemand wagte, nicht demokratisch zu sein. Die Demokratie hat die Kraft, alle zu zwingen, sich zu ihr zu bekennen. Das Emporkommen der Bourgeoisie seit 1789 ist die charakteristische Tatsache unserer Geschichte. Aber die Demokratie führt zur Anarchie; ihre schrankenlose Einführung wäre das Chaos. In England ist es gelungen, eine konstitutionelle Monarchie zu

schaffen. Noch mehr rühmt Guizot Amerika als das Land, in dem Freiheit und Ordnung sich miteinander verbinden (56). Er sieht in der übertriebenen Zentralisierung des modernen Frankreich ein Unglück (S. 57) und nimmt dadurch eine der wichtigsten Ideen des späteren Taine vorweg. Das eigentliche Resultat des Buches, das Schlußurteil über die Demokratie, geht dahin, daß man den unwiderstehlichen Lauf der Demokratie nicht aufhalten könne, wohl aber versuchen müsse, ihn zu regulieren. „Ce mouvement immense qui pénètre et fermente partout au sein des nations, qui va provoquant sans cesse toutes les classes, tous les hommes à penser, à désirer, à prétendre, à agir, à se déployer en tous sens, ce mouvement ne sera point étouffé", aber „il faut le contenir et le régler". Überall müssen Deiche errichtet werden, aber auch Kanäle, beides zusammen, die Kanäle und die Deiche, les canaux et les digues, sind das große Geheimnis der Kraft Hollands; sie sind das Bild für die richtige Behandlung dieses Problems der Zeit. Alle „forces conservatrices" müssen zusammenwirken „pour accueillir et contenir à la fois le flot montant de la démocratie".

Auch in andern Schriften hat Guizot diese Ansicht von der Demokratie und dem Aufsteigen der bürgerlichen Klassen geäußert, so in der Schrift über die Kirche und den Staat (1861). In seinem Vortrag über die Ursache des Gelingens der französischen Revolution spricht er eine verwandte Ansicht aus. In England herrscht kein revolutionärer Geist, England hat das seltene Glück, daß sich die Aristokratie mit der Demokratie verbindet und mit ihr zusammen arbeitet, daß Volk und Führer nicht voneinander getrennt werden (S. 83).

Taine hat nicht nur die gleichen Ansichten über England und die Demokratie im allgemeinen, er gebraucht auch mit ähnlichen Wendungen wie Guizot das Bild von der unwiderstehlich steigenden Flut der Demokratie und den Dämmen und Deichen, die sie in England findet, um reguliert zu werden. Am Schluß der Einleitung zum ersten Kapitel (IV S. 223) sagt er: „Ce sont ses deux courants qui de France et d'Allemagne arrivent en ce moment sur l'Angleterre. Les digues y sont fortes, ils ont peine à s'y frayer leur voie, ils entrent plus tardivement qu'ailleurs, mais

néanmoins ils entrent. Ils se font un lit nouveau entre les barrières anciennes et les élargissent sans les rompre, par une transformation pacifique et lente qui continue encore aujourd'hui." Am Schluß des zweiten Kapitels wird es noch einmal wiederholt und von dem „flot croissant de la démocratie" gesprochen.
Die politischen Einrichtungen Englands sind für Taine kein absolutes Ideal, aber er erkennt doch in der englischen Entwicklung die beste Lösung des Problems der Demokratie. Im englischen Protestantismus sieht er neben der Wissenschaft ein treibendes Organ, ja ein Herz des europäischen Lebens (IV 432). Die englische Aristokratie ist im Gegensatz zu anderen Aristokratien intelligent und lebhaft, und marschiert an der Spitze der öffentlichen Intelligenz. Die Tüchtigkeit und der praktische Sinn dieser Aristokraten erregen seine Bewunderung (IV 423). Während er in dem Kapitel über Byron auf der Seite des Dichters stand, der die englischen Zustände verdammt, glaubt er nach den Reformen an eine Besserung. Wo Taine diese englische Verbindung von Aristokratie und Demokratie, von Konservatismus und Revolution als Ideal anerkennt, hat die Demokratie ihren Charakter als absolutes Ideal verloren. Politisch steht Taine in der englischen Literaturgeschichte durchaus auf dem Boden von Guizot, d. h. seine Anschauungen sind die eines gemäßigten Liberalen, dessen Ideal die englischen Gesellschafts- und Verfassungszustände sind.

4. DAS WISSENSCHAFTLICHE IDEAL.

In der Formel „science et liberté" (Monod S. 78) sind die beiden Ideale, die Taine damals beherrschten, enthalten. Ganz selbständig neben dem politischen Ideal eines gemäßigten Liberalismus steht das wissenschaftliche Ideal des positivistischen Programms. Beides könnte nebeneinander bestehen, ohne daß es von Bedeutung für eine literaturgeschichtliche Darstellung wäre. Taine war Positivist. Er stand dabei weniger unter dem Einfluß des Franzosen, der den Positivismus als Weltanschauung begründet hat, August Comte, als unter dem Eindruck, den die Philosophie Stuart Mills auf ihn gemacht hat. Wie sich aus der Einleitung der englischen Literaturgeschichte ergibt, will er das positivistische Programm auf literaturhistorische Gegenstände anwenden. Über die methodische Bedeutung eines solchen Unternehmens wurde in der Einleitung der vorliegenden Untersuchung gesprochen. Der Positivismus beeinflußt seine Darstellung in hohem Maße, aber das bedeutet noch nicht, daß es eine Idealvorstellung sei, welche seine Bewertung der englischen Romantik und ihrer Werke entscheidend bestimmt. Die „Wissenschaftlichkeit" im positivistischen Sinne bedeutet jedoch für Taine, nicht anders als für Comte, weit mehr als eine bloße Methode der Forschung. Er sieht in ihr ein allgemeines Ideal, das heute für die Menschheit maßgebend sein soll. Die Wissenschaft ist für ihn das Gesunde im Gegensatz zum Kranken. Literarische und künstlerische Erscheinungen werden abgelehnt, weil sie ungesund und krank sind, und das wissenschaftliche Ideal wird ihnen als das Gesunde entgegengehalten.

Carlyle ist nach Taine ein Kranker; der puritanische Heroismus, den Carlyle wiedererwecken wollte, ist Mystizismus, eine Exaltation, also ein ungesundes Extrem, dem mit naturgesetzlicher Notwendigkeit ein gegenteiliges Extrem folgen muß. „L'exaltation n'est pas stable, et l'on ne peut la réclamer de l'homme sans injustice ou sans danger" (V 328). Der heroische Puritanismus ist eine Explosion, ein extremer Zustand, aber nichts Natürliches. Er ist ein pathologisches Phänomen. „Si l'enthousiasme est beau, les suites et les origines en sont tristes; il n'est qu'une crise, et la santé vaut mieux" (327). Carlyle selbst und sein Enthusiasmus für Cromwell dienen ihm als Beispiel dafür. Trotzdem Carlyle sich durch seine Aktivität und seinen Moralismus vorteilhaft von seinen deutschen Geistesverwandten unterscheidet, nennt er ihn doch einen Kranken. Er vergleicht ihn mit Macaulay, diesem „esprit généreux et solide" und nennt die Philosophie Carlyles „extraordinaire et maladive". Barbey d'Aurevilly (S. 240) hat schon bemerkt, daß sich derartige Werturteile mit der kritischen Objektivität nicht vereinigen lassen.

Bei Carlyle begnügt sich Taine damit, seine Krankheit festzustellen. Mit Byron dagegen, den er ebenfalls für einen Kranken betrachtet, setzt er sich in einer prinzipiellen Erklärung auseinander. Apodiktisch erklärt er ihn für den eigentlichen Typus der Krankheit des Jahrhunderts. „La maladie du siècle n'a pas eu de plus illustre proie." Taine schildert dann die Krankheit des Jahrhunderts und setzt ihr seinen eigenen Glauben an die Wissenschaft entgegen. Zu Carlyle sagt er, daß der Puritanismus uns heute nicht mehr helfen könne. Man ist daher versucht, zu fragen, worin nach der Meinung von Taine das Heilmittel für die kranke Zeit liegt.

Die Zeit des Pessimismus, der Exaltationen wie der Depressionen ist zu Ende. Wir stehen am Ende einer vergangenen, am Anfang einer neuen Epoche. „Dans cet emploi de la science et dans cette conception des choses, il y a un art, une morale, une politique, une religion nouvelle et c'est notre affaire aujourd'hui de les chercher"(IV 390). Was hier an dieser Kundgebung des Glaubens an die Wissenschaft interessiert, ist, daß er als etwas Gesundes der Krankheit des Romantischen entgegengehalten wird. Taine hat eine neue Philosophie und erwartet von ihr nicht nur große technische Fortschritte und Leistungen, sondern überhaupt eine Erneuerung des ganzen menschlichen Lebens. Wir werden lernen, alle Dinge anders zu beurteilen, den Menschen anders zu sehen wie bisher, ohne Verzweiflung und ohne Enthusiasmus, mit wissenschaftlicher Objektivität. Daraus soll nicht nur eine neue Wissenschaft, sondern eine neue Moral, und, was hier besonders interessiert, eine neue Kunst entstehen (IV 390). Am Schluß des vierten Buches wiederholt er nochmals dieses Bekenntnis; die Wissenschaft wird ungeheure Fortschritte machen; diese Fortschritte werden sich auf alle Gebiete des menschlichen Geistes erstrecken. Wir wissen, daß die positiven Entdeckungen unaufhörlich vorwärtsschreiten, daß sie immer wieder neue Anwendungsgebiete finden, „bref, que leur empiètement universel finira par s'étendre sur tout l'esprit humain. De ce corps de vérités envahissantes sort aussi une conception originale du bien et de l'utile et, partant, une nouvelle idée de l'état et de l'église, de l'art et de l'industrie, de la philosophie et de la religion" (IV 436).

III. FOLGEN DER VERSCHIEDENARTIGKEIT DER IDEALVORSTELLUNGEN.
1. DER WIDERSPRUCH ZWISCHEN DEM SCHLUSS DES KAPITELS ÜBER BYRON UND DEM DES KAPITELS ÜBER TENNYSON.

In Taine treffen sich die verschiedenen Idealvorstellungen, deren Charakter und ideengeschichtliche Ursprünge im vorigen Abschnitt dargelegt wurden. Daraus, daß solche Vorstellungen gleichzeitig nebeneinander bestehen und Taine als ein Schnittpunkt verschieden gerichteter Bewegungen erscheint, mußte seine Darstellung etwas Ungleichmäßiges bekommen. Die Bewertungen, ohne die eine Literaturgeschichte nicht durchgeführt werden kann, orientieren sich nicht immer an derselben Idealvorstellung und nicht einmal an demselben Interesse, vielmehr wechseln das ästhetische, das wissenschaftliche und das soziologische Interesse. Denn eine literarische Erscheinung kann unter jedem dieser Gesichtspunkte betrachtet werden.

Es wäre nun am einfachsten, solche Ungleichmäßigkeiten und Widersprüche aus der Persönlichkeit Taines zu erklären. Die Elemente, die man in dem geistigen Charakter Taines feststellen kann, sind nicht gleichartig. Eine stark romantische Neigung trifft mit einer entschiedenen wissenschaftlichen Tendenz zusammen und ist so stark, daß sie sich durch einen bloßen Willensentschluß nicht unterdrücken läßt. Daß Taine aus seiner Jugend her, unter dem starken Eindruck der Gedichte Mussets, immer eine große Vorliebe für diesen Dichter und seine Art Romantik hatte, ist von seinen Biographen öfters betont worden. Giraud hat darauf hingewiesen. Insbesondere aber hat André Chevrillon den Dualismus, der sich in der Geschichte der englischen Romantik besonders zeigt, auf diese Vorliebe für Musset zurückgeführt [1]. Musset hatte seit 1850 in Frankreich plötzlich einen ungeheuren Enthusiasmus gefunden. Diese Begeisterung für den pessimistischen Dichter dauerte bis 1870 und beruhte wohl zum Teil in der Unzufriedenheit und der Enttäuschung, die nach der Revolution von 1848 eintraten, zum Teil ist die Anerkennung

[1] Revue de Paris 1. Juni 1908, S. 592.

Mussets aber auch ein Erfolg der Bemühungen von Nisard, der ihn zuerst gelobt hat [1]). Taine hat die Begeisterung geteilt, obwohl jener Dichter seinem wissenschaftlichen und politischen Ideal von Gesundheit unmöglich entsprechen konnte. Zur Zeit der Entstehung der englischen Literaturgeschichte ist die Vorliebe noch ganz ungebrochen. Sie zeigt ihre Kraft am auffälligsten in einem seltsamen Widerspruch, der zwischen der Beurteilung Byrons und der Mussets besteht. Dieser Widerspruch ist typisch für das Zusammentreffen der verschiedenen Idealvorstellungen und muß daher näher erörtert werden. Es kommt dabei weniger auf eine biographische Erklärung an als auf die Darstellung der verschiedenen Ideen in ihrer objektiven Wirksamkeit. Es ist richtig, wenn Chevrillon sagt, 1880 hätte Taine sicher nicht mehr so geurteilt. Um diese Zeit würde er das fieberhafte Schluchzen Mussets der ruhigen männlichen Beschaulichkeit Tennysons nicht vorgezogen haben. Aber die Widersprüche liegen noch tiefer und sind mit einer bloßen Feststellung eines Dualismus im Charakter noch nicht vollständig erkannt.

Taine schließt das Kapitel über Byron mit einer Schilderung der „maladie du siècle". Byron ist für ihn der eigentliche Typus dieser Krankheit. Er begnügt sich nicht damit, den Fall Byron als ein Beispiel dafür anzusehen, daß die sozialen Zustände und das Publikum häufig in einem Gegensatz zu dem großen Dichter stehen, sondern er steht in dem Kampf zwischen Byron und dessen englischer Heimat auf der Seite Byrons. Trotzdem ist aber Byron für ihn etwas Ungesundes und Krankes, während das Publikum Tennysons etwas Gesundes ist. Es läge nun nahe zu meinen, daß der Widerstand des englischen Publikums gegen Byron die Notwehr des Gesunden gegen das Kranke ist; aber Taine ist weit davon entfernt, hier, wo er vom Gesunden und Kranken spricht, das Englische als das Gesunde anzusehen. Das Urteil gesund oder krank enthält notwendig eine Bewertung; es ist eine physiologistische Einkleidung für Anerkennung oder Ablehnung. Daher ist es von besonderem Interesse, genauer zu untersuchen, worin Taine hier eigentlich das Gesunde und das Kranke sieht.

[1]) E. Faguet, Études sur le XIX siècle, S. 294.

Byron und das letzte Stadium der Romantik erklärt er für das Kranke. Ist nun deshalb der Gegensatz des Romantischen, das Klassische, das Gesunde? Goethe, den Taine aufs höchste verehrt, hat eine solche Definition des Klassischen und des Romantischen gegeben; Sainte-Beuve hat sie übernommen (Lundis XV, S. 369). Taine ist auch davon weit entfernt. Die Zeit der Krankheit, des Pessimismus, der Exaltationen wie der Depressionen, ist zu Ende. Die Wissenschaft wird die kranke Zeit heilen. Demnach müßte für eine kranke Dichtung kein Platz mehr sein und müßte der Gesundung der Menschheit eine gesunde Kunst entsprechen.

Das englische Volk ist nach Taine ein gesundes Volk. Daß er bei Byron gegen das englische Volk Stellung nimmt, bedeutet noch keine Stellungnahme für das Kranke; denn in einer kurzen Wendung deutet er an (IV 367/68), daß sich die Zustände in England inzwischen gebessert haben. Entspricht nun der Dichter dieser gebesserten Zustände, Tennyson, dem Ideal eines Dichters, und ist er das Gesunde im Gegensatz zum Kranken? Daß Tennyson der Lieblingsdichter der englischen Nation ist und unbedingt zu dem heutigen England paßt, betont Taine ebensosehr, wie er es betont, daß dieses englische Publikum dem Ideal eines tüchtigen und intelligenten Volkes entspricht (V 416, 462). Die Atmosphäre einer wohlhabenden, arbeitsamen, mit der Aristokratie verbundenen Bürgerlichkeit gehört zu der Poesie Tennysons. Wäre also hier das Gesunde, das Heilmittel gegen die Krankheit der Byronschen Romantik? Keineswegs. Mit einer plötzlichen, heftigen Wendung bäumt der französische Kritiker sich gegen die Bewunderung der englischen, wohlgeordneten Bürgerlichkeit auf. Er vergleicht sie mit der fiebernden Unruhe der französischen Gesellschaft, Tennyson mit Alfred de Musset, die Respektabilität des englischen Dichters mit der Bohèmefigur des Franzosen, aber nicht, um sich zu wissenschaftlicher Gesundheit zu bekennen, sondern um wiederum ein Bekenntnis auszusprechen, das dem Bekenntnis am Schluß des Kapitels über Byron merkwürdig widerspricht. Ob Tennyson glücklicher ist als Musset, ist gleichgültig, jedenfalls soll Musset „höher gestiegen" sein, „il est monté plus haut". Hat Byron seinen romantischen Elan hinreißender ausgesprochen als Taine in seinen Worten: „Du haut de son doute et de son désespoir, il a vu l'infini comme on voit la mer du haut d'un cap battu par les orages. Les religions, leur gloire et leur ruine, le genre humain, ses douleurs et sa destinée, tout ce qu'il y a de sublime au monde lui est alors apparu dans un éclair. Il a senti au moins cette fois dans sa vie, cette tempête intérieure de sensations profondes" (V. 469). Und am Schluß die offene Erklärung: „J'aime mieux Alfred de Musset que Tennyson". Nicht nur in seinem Inhalt, sondern auch in seiner Form ist dieses Bekenntnis auffällig. Taine gibt seine wissenschaftliche Objektivität in brüsker Weise auf und spricht von sich selbst und seinen persönlichen Wertungen. „J'aime mieux" — welch ein Wort im Munde eines Gelehrten wie Taine, eines Positivisten und Physiologisten! Die Einleitung der englischen Literaturgeschichte hatte versprochen, ohne alle persönlichen Urteile die Dinge in ihrer positiven Realität zu analysieren. Der beste Ausdruck für die geistige Haltung dieses Programms findet sich in einem Ausspruch von Bacon, dem Vater der modernen experimentellen Wissenschaft, einem Ausspruch, den Taine auch für sich selbst im höchsten Maße anerkannt haben würde: „De nobis ipsis silemus." Am Schluß des Werkes aber spricht Taine auffällig von sich selbst. Was Taine immer so verabscheut hatte, daß der Gelehrte oder Künstler sich in einen Prediger verwandelt, widerfährt ihm jetzt selbst. Psychologisch erklärt sich das aus dem „fond de sensibilité véritablement romantique" (Giraud), der in Taine latent immer vorhanden war. Hier, gegenüber Musset, wird er temperamentvoll und verleugnet das Bekenntnis zur wissenschaftlichen Gesundheit, das er Byron entgegengehalten hatte.

Diese in der Persönlichkeit Taines begründete Doppeltheit von Wissenschaft und Romantik reicht aber nicht aus, um einen weiteren tieferen Widerspruch zu erklären, der in dem Schluß der englischen Literaturgeschichte enthalten ist. Taine sagt nicht nur, daß er Musset Tennyson vorzieht, er sagt in demselben Satz unmittelbar vorher, daß er das Publikum Tennysons dem Publikum Mussets vorzieht. Er erklärt sein Einverständnis mit dem englischen Milieu so wie es heute ist und lehnt gleichzeitig den diesem Milieu vollkommen entsprechenden Dichter ab. Der Dichter und sein zeitliches und soziologisches Milieu sollen aber in einem engen naturgesetzlichen Zusammenhang stehen. Wie ist es also möglich, das eine zu billigen und das andere abzulehnen, das Milieu, die Ursache anders zu bewerten als die notwendige Folge? Hier muß außer dem wissenschaftlichen und dem ästhetischen Interesse noch ein drittes Moment hinzukommen. Es liegt in der politischen Idealvorstellung, in seinem Liberalismus, den er von Guizot übernommen hatte. So wenig wie den Romantiker hat die Wissenschaft das politische Interesse in ihm töten können. In England sah er ein politisches Ideal verwirklicht, deswegen bewunderte er das englische Volk. Aber es wäre ein Verrat an seinem ästhetischen Ideal und an seiner eigenen Natur gewesen, wenn er in dem Dichter Tennyson die Gesundheit erblickt und sie mit Problemlosigkeit und Illusionslosigkeit gleichgesetzt hätte. Das englische Milieu kann er gelten lassen, denn es entspricht seinem politischen Ideal; den englischen Dichter muß er ablehnen, weil seine idyllische und friedliche Ruhe dem ästhetischen Ideal widerspricht. Einem Mann, der zu den politischen Zuständen seines eigenen Landes in der Opposition stand, wäre ein idyllischer Dichter unerträglich gewesen; eine aus absoluter Harmonie entstandene Poesie mußte Taine, der in einem Konflikt lebte, leer und nichtssagend erscheinen.

2. UNKLARHEITEN IM BEGRIFF DER ROMANTIK.

In dem Begriff der Romantik verbindet sich bei Taine das Stendhalsche Ideal von Energie und Leben mit dem ästhetischen Ideal des Dichters. Beide kämpfen mit dem politischen und dem wissenschaftlichen Ideal. Darin liegt die Verwirrung, um eine eigenen Ausdruck von Taine gegen ihn selbst anzuwenden, die „confusion laborieuse" seiner Darstellung der englischen Romantik. Romantik ist für ihn zunächst der Ausdruck der kommenden neuen Epoche, das echte und wahre Leben. Aber der allgemeine Gegensatz von natürlicher und unnatürlicher, künstlicher Kunst kann auch auf die Romantik angewandt werden. Denn auch innerhalb der romantischen Bewegung gibt es Echtes und Unechtes. Das Echte für sich allein ist also nicht das einzige Kriterium des Romantischen, obwohl es infolge der Gleichstellung mit der revolutionären Energie manchmal so scheint. Die ganze historische Richtung der englischen Romantik hat für Taine etwas Unechtes, ihre Kunst ist Nachahmung. Er macht ihr den Vorwurf, daß alles nur „Oper" sei (IV 269), was bei ihm etwas künstlich Gemachtes, auf den theatralischen Eindruck Berechnetes bedeutet. Daß diese Kunst ein Publikum hat und sich daran wendet, wird ihr also zum Vorwurf gemacht, obwohl es für einen Soziologen wie Taine selbstverständlich sein müßte, daß jede Kunst ein Publikum hat. Auch W. Scott ist ihm nur „spectacle" (IV 277). Der Gegensatz von echt und unecht besteht also auch innerhalb des Romantischen selbst; es gibt eine wahre romantische Kunst und eine künstliche romantische Kunst. Von Chateaubriand, dem Romantiker, sagt Taine ebenfalls, seine Heiligen seien nur „machines de l'opéra" (IV 350). Tennyson wird verurteilt, weil er ein Imitator, Arrangeur und Architekt von Feenpalästen ist. Mit fast denselben Worten wird hier einem Teil der Romantik derselbe Vorwurf gemacht, der dem aristokratischen, oratorischen Stil gemacht wurde und diesen kennzeichnen sollte. Denn auch das Oratorische und Klassische ist ja wesentlich Imitation und „Maschinerie", und das Publikum von W. Scott ist ein bürgerliches Publikum, nicht das zum klassischen Stil gehörende Publikum von Aristokraten (IV 278). Ein unbedingt echter Künstler dürfte danach überhaupt kein Publikum haben. Bei Cowper scheint dieser seltene Fall eingetreten zu sein. Dem widerspricht aber, daß, nach Taine, zu jeder neuen Kunst ein neues Publikum gehört, und zur romantischen Kunst ein bürgerliches, plebejisches Publikum.

Das Postulat unbedingter Echtheit wird von Taine nicht rigoros durchgeführt. Sein großer Vorwurf, daß etwas „Oper" sei, kann jede Art bewußter künstlerischer Form treffen, und als Franzose ist er eines absoluten Verzichts auf die Form nicht fähig, ebensowenig wie er es als gebildeter Mensch ignorieren kann, daß er zu einem Publikum redet. Den Vorwurf, daß etwas „Oper" sei, kannte auch Sainte-Beuve; er sagt z. B. von Salammbo (Nouv. L. IV 61): „Il y a toujours de l'opéra dans tout ce que font les Français, même ceux qui se piquent du réel." Taine hatte ja

in hohem Maße, wie Barrès sich ausdrückt, die Fähigkeit „de dramatiser les abstractions", eine Fähigkeit, die sich eng verbindet mit der Kunst, den Eindruck auf das Publikum richtig zu berechnen. Der wirkungsvolle Schluß mancher seiner Kapitel beweist das. Taine ist auch weit davon entfernt, im „Klassischen und Oratorischen" einen absoluten Gegensatz zum Romantischen zu sehen. Byron, der doch für ihn der Romantiker par excellence ist, hat gleichzeitig klassische Tendenzen, von denen Taine ausdrücklich versichert, daß sie nicht zufällig seien. Auch sind Energie und Beredsamkeit doch keine absoluten Gegensätze. Wo sich beides miteinander verbindet, wie bei Byron, bedeutet die kunstvolle Symmetrie des Oratorischen eine Komprimierung und damit eine Steigerung der Kraft. Die zusammengepreßte Energie Byrons zwingt das Publikum zur Aufmerksamkeit und zum Interesse (IV 326). Während bei Burns die „klassische Maschine" (IV 247) den unbedingten Gegensatz zu menschlicher Wahrheit und Echtheit bedeutet, kann Byron Klassiker und Redner sein, ohne seine große Energie und Unmittelbarkeit zu verlieren, ohne aufzuhören, ein Romantiker zu sein. So erklärt sich ein merkwürdiger Einwand gegen Carlyle (V 300). Dieser stellt Burns über Byron, und Taine bemerkt dazu, das bedeute eine Vernachlässigung der Form, und Carlyle komme zu solchem Urteil, weil er der Meinung sei, daß „la forme est peu de chose".
Auf diese Weise können die Gegensätze von Klassisch und Romantisch sich so einander annähern, daß sie als zwei gleichberechtigte Arten menschlichen Wesens und Geistes nebeneinander stehen. Taine hat ja, wie viele andere, den Gegensatz von Klassisch und Romantisch mit dem Gegensatz von Lateinisch und Germanisch in Parallele gebracht. Noch andere allgemeine Gegensätze können auf die Unterscheidung von Klassisch und Romantisch reduziert werden. Taine macht von dieser Übung in seinem Essay über Carlyle Gebrauch. Er teilt das ganze Gebiet menschlichen Geistes in zwei Sphären ein. Die Gegensätze sind die von analytisch, methodisch, oratorisch, lateinisch und schließlich klassisch auf der einen Seite und intuitiv, divinatorisch, prophetisch, dichterisch, germanisch und schließlich romantisch auf der anderen Seite. Bei einer solchen allgemeinen Einteilung

muß das ablehnende Urteil über das Klassische allmählich entfallen und müssen die beiden gegensätzlichen Erscheinungen einander gleichberechtigt gegenüberstehen.

Wo Taine dagegen unter dem Einfluß seines von Musset bestimmten ästhetischen Ideals den Dichter für etwas wesentlich Abnormes und Krankes hält, wo für ihn Romantik die Dichtung des Weltschmerzes und der Dissonanzen ist, da wird umgekehrt die Romantik etwas Minderwertiges. Gegen Byron und seine Schule ist ein solches Urteil ergangen, und zwar von dem wissenschaftlichen Ideal aus. Die Romantik ist etwas Krankes, la maladie du siècle, und die Zeit der Heilung und Gesundung ist gekommen. Sie wird eine neue Zeit bringen. Die bisherige romantische Kunst wäre dann das Veraltete und Überlebte. Sie stände vor der neuen positivistischen Kunst nicht anders wie die oratorische klassische Kunst vor der romantischen stand, als Ende des achtzehnten Jahrhunderts die Stunde der romantischen Kunst gekommen war.

3. DIE TYPEN DES ENGLÄNDERS UND DES BOURGEOIS.

Frankreich hat periodisch unter dem Einfluß Englands gestanden. Seit Voltaire und Montesquieu sind Ideen und Stimmungen von der Insel herübergekommen und in Frankreich enthusiastisch propagiert worden. Die Zeit der Restauration war eine Hochflut der Anglomanie in Mode, Sitte und Literatur. Durch Augustin Thierry und Guizot erhielt dieses Interesse wissenschaftliche Bedeutung. Taine setzt mit seiner Vorliebe für England eine alte Tradition fort. Man hat bemerkt, daß bei den Historikern zwei widersprechende Tendenzen das Interesse für England beherrschten: einmal erkennen sie den großen Unterschied des englischen und französischen Charakters, dann aber sind sie von der Überlegenheit der Angelsachsen überzeugt (Giraud S. 67). Noch widerspruchsvoller sind die Anschauungen Stendhals. Er teilt die Anglomanie seiner Zeit, bewundert die Energie der Engländer, die er in der Geschichte der Malerei in Italien (S. 373) „le plus énergique des peuples" nennt. England ist für ihn ein Hort der Freiheit, für englische Autoren, namentlich für Shakespeare, hat er eine große Leidenschaft, zugleich aber haßt er den „cant", die Tyrannei der öffentlichen Meinung, die ungebildete Aristokratie, und steht dabei wohl unter dem Eindruck seiner Beziehungen zu Byron, „Das Schlimmste ist ihre Moralität"[1]). 1822 äußert er sich über Irland (l'Amour S. 143), daß hier der Schandfleck Englands sei, gibt aber die Hauptschuld dem Klerus und meint, Irland würde seine Ketten brechen, wenn es heidnisch wäre. Ein Hauptmotiv seines Hasses gegen England liegt in seiner Bewunderung für Napoleon; John Bull ist ein „Vil Sancho Pansa", der den edlen Don Quichote besiegt hat. Seinem Helden Lucien Leuwen graut vor dem gesunden Menschenverstand der Amerikaner.

Bei Stendhal sind widersprechende Urteile häufig nur Äußerungen verschiedener Stimmungen. Bei Taine dagegen kreuzen sich verschiedenartige Interessen und Neigungen. Der Engländer als Rasse erscheint ihm eine imponierende Vereinigung von Aktivität und Energie. Die liberalen Einrichtungen Englands entsprechen seinem politischen Ideal. Er wollte starke Individualitäten, Fortschritt und Freiheit, aber im Rahmen starker Tradition. Alles das kam zusammen, um ihn England lieben und bewundern zu lassen. In den „Notes sur l'Angleterre" äußert sich diese Vorliebe deutlich. Monod (168/69) nennt diese Notes „Taines liebenswürdigstes Buch". Die „collection de types", die er hier anlegt, ist freilich wenig wissenschaftlich. Er will wie die Maler und die Botaniker und Zoologen (diese drei Kategorien nennt er in einem Atem) vergleichen und klassifizieren, kommt zu einem „robusten", einem „phlegmatischen" Typus, und unterscheidet schließlich sogar unter den englischen Frauen Typen wie „l'oie femelle" und dergleichen (Notes S. 72). Wissenschaftlich wird man diese Typenbildung nicht nennen können. Der charakteristische Zug an den Engländern ist ihr Tatsachensinn und ihr gesunder Menschenverstand in politischen und moralischen Dingen (335). Die physische Gesundheit des Menschentypus Engländer macht großen Eindruck auf ihn, doch bleibt das Wesentliche die strenge Moral und der ausgeprägte Familiensinn dieses Volkes.

[1]) Nachweise bei Gunell, S. 101.

Bei der Beurteilung der Kunst von W. Scott allerdings tritt die
Beschränktheit des englischen Moralismus hervor. In dem Kapitel über Byron, der gegen die englische Gesellschaft kämpft,
gibt Taine Byron gegen diese englische Gesellschaft recht. Solche
widersprechenden Urteile zeigen, daß der Typus des Engländers
von verschiedenen Idealvorstellungen aus konstruiert wird. Dem
politischen Ideal kommt der Engländer so nahe, daß er sich fast
mit ihm deckt. Vor dem ästhetischen Ideal des sensiblen Dichters
erscheint er als ein langweiliger, unmusischer Pedant. Mit dem
positivistischen Wissenschaftsideal läßt sich die hohe Bewertung
des Engländers vereinigen, weil sein Tatsachensinn eine Verwandtschaft mit der positivistischen Gesinnung begründet, die
sich in einem Engländer wie Stuart Mill charakteristisch äußert.
Vor dem Ideal von Kraft und Energie endlich ist das Bild verschieden, weil der Typus des Bourgeois mit dem Typus des Engländers verschmilzt.
Das war schon bei Stendhal eingetreten. Taine gesteht in seiner
Correspondance (II S. 99, Brief an Suckau vom 2. Mai 1855), daß
er in den Briefen Stendhals ,,une foule d'idées" über England
gefunden habe. Die Nachwirkung solcher Ideen ist auch in dieser
Verbindung des englischen mit dem bürgerlichen Typus zu erkennen. Wenn Stendhal über den Engländer abfällig urteilt, so
sieht er in ihm den Geld verdienenden Bürger und Familienvater, ,,la bourgeoisie vulgaire, plate et égoiste", die er verachtet.
Die ganze Romantik hat den Bourgeois gehaßt als den phantasielosen, nüchternen und gemeinen Philister. Das ästhetische Ideal
der Romantik und der Kult des Lebens und der Energie haben
sich dieses negative Bild geschaffen. Die Vorstellung vom Grand
seigneur des ancien régime wirkt hier trotz allem Liberalismus
und aller Demokratie weiter. Der Idealtypus des alten Aristokraten war imposanter als der des noch so tüchtigen und soliden
Bürgers. Im Grunde hat Stendhal immer noch aristokratische
Figuren vor Augen. Der Held der Chartreuse de Parme ist ein
vornehmer Adliger, und die bürgerlichen Helden Stendhals, Julien
Sorel und Lucien Leuwen, können nicht auf aristokratische Eleganz verzichten. Entweder der Aristokrat oder das Volk, die in der
Mitte stehenden classes moyennes sind langweilig und widerwärtig.

Bei Michelet ist die Verbindung von England und Bourgeoisie sehr deutlich. Michelet war damals ein heftiger Gegner Englands. Seine Schrift „Le peuple" ist voll von feindseligen Äußerungen. Der Engländer soll der eigentliche Gegensatz des Franzosen sein (S. 143), England ist das Land des Status quo, während der Ruhm Frankreichs darin besteht, das Land der Revolution zu sein (156). Die Begeisterung für die Revolution hat Michelet diesen Haß gegen England eingegeben, später hat er sein Urteil sehr geändert. In der Vorrede zum dritten Band der Histoire du XIX siècle (1873) leugnet er, jemals ein „sentiment d'hostilité" gegen England gehabt zu haben und nennt England das Land der Freiheit, den Feind der Tyrannen Philippe II., Ludwig XIV. und Napoleon. In den vierziger Jahren dagegen bringt er sein Ideal von Energie in offenen Gegensatz zu England. Frankreich ist Energie, England Stagnation (Le peuple 185). Wiederum wird der Engländer zum Typus des Bourgeois, dessen Lebensinhalt darin besteht, fleißig zu arbeiten und Geld zu verdienen (143 Note). Dieser bürgerliche Engländer ist kein Soldat, er ist ohne jeden Schwung und ohne Größe, „où est, je vous prie, l'Angleterre de Shakespeare, de Bacon?" Seit Cromwell herrscht die Bourgeoisie. In diesen „moyennes bâtardes" ist kein „caractère natif", es fehlt ihnen der geistige Mut und der weite Instinkt der Massen (192). Ein friedliches Behagen ist das Ideal des Bürgers. „La sécurité est l'essence du bourgeois" (140 Note). Zur Bourgeoisie gehören für diese französische Auffassung die wohlsituierten Mittelklassen, Notare, Ärzte, kleine Kaufleute und Unternehmer, Rentner, das Milieu, das Balzac und Flaubert genial geschildert haben. Bei vielen Menschen des damaligen Frankreich, in denen die Unruhe und die geistige Intensität der Zeit lebte, wird das Wort Bourgeois als Schimpfwort gebraucht. Wenn Baudelaire in den Fusées seinen Ekel vor der Kunst der Sand ausdrücken will, so nennt er ihre Romane „Kunst für Bourgeois".

Der Engländer wird mit dem Bourgeois identifiziert. Der Bourgeois aber ist der wohlrangierte, phantasielose normale Mensch, gegen den sich alle romantischen Instinkte empören. Den Engländer trifft infolgedessen leicht dieselbe Antipathie. Taines Auf-

fassung ist von der Verbindung bürgerlichen und englischen Wesens beherrscht. Zunächst allerdings konstruiert er den Charakter des Engländers nach Rassenmerkmalen: der Engländer ist ein Produkt aus angelsächsischer und normannischer Rasse; er enthält infolgedessen alle Widersprüche von Revolutionärem und Konservativem in sich. Diese Rassentheorie machte es leicht, die seltsamen Widersprüche des englischen Charakters zu erklären, weil man zwei verschiedene Rassen zur Verfügung hatte. Mit solchen Erklärungen übernimmt Taine kritiklos die damals landläufige Einteilung von angelsächsischer und normannischer Rasse. Den starken keltischen Einschlag in der englischen Literatur ignoriert er völlig. In der historischen Richtung der englischen Romantik zum Beispiel sieht er etwas spezifisch Englisches, und macht das zur Grundlage seines ästhetischen Urteils (IV 271). In Wahrheit geht die historische Poesie zu einem wichtigen Teil auf irische Einflüsse zurück. Thomas Moore war Irländer. Bei ihm macht Taine allerdings eine gewisse Konzession, indem er sagt, von den englischen Romantikern sei Moore „le plus français" (IV 267). Dagegen erwähnt er nicht, daß eine Irländerin, Lady Morgan, die irische Madame de Staël, zuerst historische Romane geschrieben hat, und der berühmtere Thomas Moore ihre Priorität offen anerkannte (Herford S. 103), daß ferner auch Walter Scott einer Irländerin, Miß Edgeworth, wesentliche Anregungen schuldig ist, und endlich ein Ire, Burke, weit über die Grenzen Englands hinaus einen unübersehbaren Einfluß auf die Belebung des geschichtlichen Empfindens ausgeübt hat. Burke, den Taine in den *Origines* mit solchem Beifall zitiert, ist der eigentliche Inaugurator des historischen Gefühls dieser Epoche. In der englischen Literaturgeschichte wird er nur flüchtig unter dem engsten politischen Gesichtspunkt als Gegner der französischen Revolution erwähnt (IV S. 252).
Eine ähnliche Einseitigkeit liegt darin, daß Taine den Engländer ohne weiteres als liberalen Protestanten betrachtet. Der englische Protestantismus ist nach Taine ein Element des heutigen geistigen Lebens. Wie er das Keltische in der englischen Literatur ignoriert, so hält er auch die starke kirchliche Strömung für nicht beachtenswert. Eine Bewegung, wie die Oxfordbewegung,

von der Saintsbury in seiner englischen Literaturgeschichte (365) sagt „it changed the intellectual as well as the ecclesiastical face of England", hat er gar nicht bemerkt, obwohl die Engländer selbst der Bewegung eine große Bedeutung zuschrieben und in demselben Heft der National Review vom Oktober 1856, dessen Shelleyaufsatz Taine rühmt, eine Besprechung von Werken Newmans veröffentlicht ist, die ihn hätte aufmerksam machen können. Aber hier hat ihn sein positivistisches Ideal gehindert, eine lebendige Kraft zu erkennen. Für ihn war das Kirchliche als Religion indiskutabel. Sein Glaube war die positive Wissenschaft. Wie für Renan — der sich in demselben Jahre 1846 vom Katholizismus abgewandt hatte, in welchem Newman zu ihm übertrat — ist für Taine die moderne Wissenschaft die Religion. Daneben läßt er nur unter dem Einfluß von Guizot den liberalen Protestantismus gelten. Der Anglikanismus ist etwas Konservatives und Reaktionäres und gehört nicht zum Ideal englischen Wesens. Dieser aktive, positivistische, protestantische Engländer ist nun gleichzeitig Bourgeois. Das Publikum von W. Scott, das ein typisch englisches sein soll, ist das harmlose, geistig etwas beschränkte Publikum guter Bürger, die in ihrem Behagen nicht gestört sein wollen und eine Vorliebe für naturalistische Kleinkunst und Stilleben haben (IV 280). In dem Gegensatz dieses Publikums zu Byron zeigt sich sogar eine gewisse Bösartigkeit des englischen Bourgeois. Heuchelei ist sein eigentliches Laster. Sein cant und die Tyrannei der öffentlichen Meinung, moralische Borniertheit und Pedanterie sind der Feind alles Großen und Genialen. Im merkwürdigen Widerspruch zu diesem Kapitel über Byron schildert Taine in dem Kapitel über Tennyson das englische Publikum von einer außerordentlich sympathischen Seite, rühmt seine Intelligenz und seine Tüchtigkeit und erklärt am Schluß des Kapitels, daß er zwar nicht die Kunst Tennysons, wohl aber dieses Publikum dem französischen Publikum vorziehe. Byrons Publikum ist nun ebensowenig wie das W. Scotts ein rein bürgerliches Publikum. Scott soll der Homer der Bourgeoisie sein, doch heißt es gleichzeitig, daß seine Kunst dem Geschmack der Lords und der feudalen Herren entspräche (IV 276). In dem Kapitel über Byron erscheint als der eigentliche Träger des *cant*

und der Heuchelei der englische Aristokrat „mit weißer Krawatte". Die Gleichstellung von Engländer und Bourgeois wird also nicht streng beibehalten, doch kann man sagen, daß sie im wesentlichen das Bild der englischen Romantik beherrscht. Der harmlose Bürger, der sich an den Nachahmungen der Romantik und an der Poesie Tennysons ergötzt, ist freilich nicht mehr der revoltierende Plebejer, der in dem einleitenden Kapitel mit solcher Energie in die Arena der Geschichte eintrat, und der in einer so revolutionären Erscheinung wie Burns seinen Dichter findet. Bei Burns ist der Bourgeois so rebellisch, daß er von einem prinzipiellen Anarchisten kaum noch zu unterscheiden ist. Aber die Züge des aufrührerischen Demokraten, die Taine bei Burns findet, sind in Wahrheit nur ein Ausdruck der anarchistischen Tendenzen, die man in jeder Bohème finden kann.
Taine hat eine Besonderheit bei Burns bemerkt, die wirklich charakteristisch ist und von der ausgehend man einen Teil der modernen Literaturgeschichte darstellen könnte. Das ist die Entwicklung der Vorstellung vom Teufel in der modernen Literatur. Taine sagt von Burns, „il parle au diable comme un à camarade malheureux, mauvais coucheur, mais tombé dans la peine" (IV 241). Er fügt hinzu, daß von Burns zu dem Mephisto Goethes nur noch ein Schritt ist. Taine hätte bei Milton beginnen können, um diese große Änderung zu belegen. Er weiß, daß der Teufel des Paradise Lost eine machtvolle und imposante Person ist. Aus der mittelalterlichen, häßlichen und scheußlichen Figur mit Hörnern und Klauen ist ein großartiger Geist geworden. Bei Byron sind die Rollen zwischen Gott und Teufel schon wesentlich vertauscht; der Teufel als Rebell und Kain als Empörer gegen Gott sind das eigentlich Großartige, und der Teufel ist aus einer moralisch verdammenswerten, eine ästhetisch bewundernswerte Figur geworden. Bei Burns soll die neue Auffassung des Teufels ein Beweis dafür sein, daß eine neue Zeit, die des Plebejers, beginnt. Aber für diese Entwicklung ist Burns weniger bedeutungsvoll als Milton; vielleicht liegt hierin ein Hinweis dafür, daß Taine überhaupt den Begriff der Revolution und der Bourgeoisie auf England unrichtig überträgt. Das englische Bürgertum hat seine große Revolution schon im siebzehnten Jahrhundert gehabt. Die

puritanische Revolution hatte bürgerlichen Charakter und bürgerliche Ideale. Was Taine als revolutionäre Symptome an Burns heraushebt, ist zum größten Teil etwas ganz Unbürgerliches, ja Antibürgerliches; es ist ein Bohème-Anarchismus, der allen Tendenzen der Mittelklasse widerspricht.

In dem Kapitel über Burns ist der Bourgeois ein revoltierender Plebejer, und daher für Taine etwas Großartiges. Bei Scott ist er ein langweiliger, unmusischer Pedant, bei Byron ein heuchlerischer Moralist, Gentleman in „weißer Krawatte" und Clergyman, der von den Aristokraten nicht mehr unterschieden wird, der Träger des „puritanischen cant", als ob die Aristokraten und Clergymen Puritaner wären; bei Tennyson ist der normale Engländer ein intelligenter und tüchtiger Mensch, der von einem intelligenten Aristokraten nicht mehr zu unterscheiden ist. Daß die glückliche Verbindung der Aristokratie und Bourgeoisie einer der Vorzüge der englischen Gesellschaft ist, sagt Taine öfters. Er verteidigt auch die englische Aristokratie gegen die Satire von Thackeray und findet dessen Gesellschaftskritik übertrieben (V S. 114). Der englische Bourgeois bei Taine ist also bald der revolutionäre Plebejer, bald der französische Bourgeois mit Prädikaten wie: rangé, installé, soigné, bald eine sympathische Figur voll Aktivität und Intelligenz. Wenn die englische Romantik wesentlich die Bewegung der emporkommenden Bourgeoisie sein soll, dann könnte man die Unklarheiten ihrer Richtung allerdings aus den unklaren Vorstellungen ihres Trägers ableiten. Auffälligerweise erwähnt Taine das eigentliche soziale Problem des damaligen England nicht. Die sozialistische Bewegung interessiert ihn nicht, Godwin wird trotz seiner Beziehungen zu Shelley und dessen Kreis nicht genannt. Die merkwürdige Verbindung des Torysmus mit den Massen des Volkes gegen die liberale Bourgeoisie, deren Führer Disreali war, ist ihm völlig entgangen. Er hätte bei Burke und Wordsworth finden können, daß sich hier eine ausgesprochen konservative Gesinnung mit dem größten Interesse für die arbeitenden und leidenden Massen verbindet, aber weil er immer nur den „Bourgeois" im Auge hat, und dieser ihm trotz allem als der Repräsentant der Epoche erscheint, so wird seine Darstellung der englischen Romantik einseitig und widerspruchsvoll.

SCHLUSS.

Taines literaturgeschichtliche Darstellung der englischen Romantik enthält die verschiedenen widersprechenden Richtungen ihrer Zeit in sich. Sie trägt das Gepräge ihrer Epoche, einer Zeit der Krisis und des Überganges und des Versuchs, eine neue — wissenschaftliche — Religion zu finden. Die eigentliche Signatur der Zeit war Ernüchterung und Desillusion, deren Ausdruck Flauberts Madame Bovary war, wenn auch ihre vollendete Gestaltung, die „Éducation sentimentale", erst später (1869) erschien. Aber wie bei Flaubert die wüsten Visionen der „Tentations de Saint-Antoine" beweisen, welches furchtbare Chaos verborgen war unter der kristallenen Kälte seiner Psychologie, so ist der Selbstwiderspruch von Taine symptomatisch für den Dualismus seines Wesens. Taine erkennt seine eigene Romantik als eine Krankheit; was er gegen Byron sagt, sagt er gegen sich selbst. In der Wissenschaft sieht er die Rettung, auf die er hofft. Das war eine bewußte Haltung, nicht eine spontane und organische Heilung. Es war keine Haltung, die seine Natur restlos hätte erfüllen können. Die Leidenschaft seiner Natur warf sich auf die Bekämpfung der Leidenschaft. Aber die Unmittelbarkeit der Leidenschaft begnügt sich nicht mit einem konstruierten Objekt und durchbricht den künstlichen Panzer der Objektivität.
Die Folge davon war eine gewisse Unfähigkeit, den widersprechenden Strömungen der Zeit eine einheitliche Richtung zu geben, obwohl das Bedürfnis nach Einheit sehr stark blieb. Taine liebte die Vorstellung, daß alle verschiedenen Äußerungsformen einer Zeit im Kern einheitlich sind und auf dasselbe Prinzip zurückgeführt werden können. Aus diesem Bestreben erklärt sich sein Versuch, einen politischen Begriff, wie den der Revolution, auf eine geistige Bewegung zu übertragen und daraus den Begriff der Romantik zu erklären. Sein wissenschaftlicher, analytischer Trieb führt ihn dazu, die Einheit überall in Atome aufzu-

lösen und naturwissenschaftliche Gesetzmäßigkeiten zu suchen, wo in Wahrheit ästhetische Werturteile herrschen. Das, was dem Politischen wie dem Künstlerischen spezifisch ist, entfällt dadurch; es macht sich aber immer wieder geltend, weil Taine zuviel ästhetisches Urteil und einen zu guten Geschmack hatte, um Kunstwerke restlos in ihre Atome aufzulösen.

Dadurch zerfällt die Darstellung der englischen Romantik in mehrere Elemente. Ein allgemeines Ideal von Energie und Leben, ein ästhetisches Ideal vom Dichter, ein politisches Ideal des gemäßigten Liberalismus, und endlich ein fast religiöser Glaube an die Wissenschaft sind nebeneinander wirksam und zerstören die Einheit des Werkes. So erscheint Taines literaturgeschichtliche Leistung wie das Werk eines Künstlers, der, sorgfältig ziselierend, aber mit verschiedenen Verfahrensarten, an demselben Kunstwerk arbeitet, der ein großes Porträt zum Teil malt, zum andern Teil radiert und einen dritten Teil gar in photographischem Verfahren wiederzugeben sucht. Das ist der Gesamteindruck, den eine kritische Betrachtung dieser Geschichte der englischen Romantik hinterläßt.

Taines Histoire de la littérature anglaise ist nach der 12. Auflage (Paris 1905) zitiert; seine Korrespondenz nach der Ausgabe Paris 1904—1907, Band I—IV; die Essais de critique et d'histoire nach der 2. Auflage, Paris 1866.

Weitere in der Arbeit zitierte Literatur:

J. Barbey d'Aurevilly, XIX siècle, Les Oeuvres et les hommes; t. VI, 1885, Les Critiques ou les juges jugés.

F. Baldensperger, La Littérature. Paris 1913.

F. Brunetière, Discours de combats, nouv. série. Paris 1903.

André Chevrillon, La Jeunesse de Taine, Revue de Paris, 1 et 15 juillet 1902; p. 1, 341 seqq. — Taine, notes et Souvenirs, Revue de Paris 1 et 15 mai, 1 juin 1908, p. 1, 278, 587 seqq.

Rich. Edgecumbe, Byron, the last phase, London 1909.

E. Faguet, Le XIX. siècle, Paris 1887.

Victor Giraud, Essai sur Taine, son œuvre et son influence. Fribourg (Suisse) — Paris 1901 avec une bibliographie des œuvres de Taine et des extraits de soixante articles de Taine non recueillis dans ses œuvres.

F. Guizot, De la démocratie en France, Leipzig 1849, L'Eglise et la société chrétienne en 1861, Paris et Leipzig 1861 (édition interdite pour la France).

Pourquoi la révolution d'Angleterre a-t-elle réussi? Discours sur l'histoire de la Révolution d'Angleterre, Berlin 1850.

Doris Gunnell, Stendhal et l'Angleterre (Thèse de l'université de Paris, 1908).

Hazlitt, The Spirit of the Age. London 1825.

C. H. Herford, The Age of Wordsworth, London 1899.

Lander Macclintock, Sainte-Beuve's critical theory and practice after 1849. (Chicago Diss. 1920.)

Amédée de Margerie, H. Taine, Paris 1894.

J. Michelet, Histoire de la Révolution française, Oeuvres complètes, partie 12, t. 1—7. Histoire du XIX siècle, partie 13, t. 1—3. (Michelets Schrift, Le Peuple — partie 6 des Oeuvres complètes — ist zitiert nach der Erstausgabe von 1846. Bruxelles et Leipzig.)

Gabriel Monod, Les Maîtres de l'histoire, Renan, Taine, Michelet; 2. édition, Paris 1894.

National Review, October 1856.

Georges Pellissier, Le mouvement littéraire au XIX siècle, deuxième édition, Paris 1890.

Amédée Pichot, Voyage littéraire en Angleterre et en Ecosse, vol. II, Paris 1825.

Sainte-Beuve, Causeries du lundi t. 1—11, Paris 1852 ff. Nouveaux lundis t. 1—10, Paris 1863—68. Cahiers de Sainte-Beuve, suivis de quelques pages de littérature antique, Paris 1876.

George Saintsbury, A History of Criticism and Literary Taste in Europe, vol. III (modern criticism), Edinburgh and London MCMIV. A History of Nineteenth Century Literature (1780—1895), London 1896.

Edmond Schérer, Études critiques sur la littérature, Paris 1875.

J. A. Symonds, Shelley, London 1879. (John Morley, English Men of Letters Series.)

Stendhal, Oeuvres complètes, Paris 1854 ff.

Joseph Texte, Histoire de la littérature et de la langue française, éditée par Petit de Juleville, t. 7 et 8.

A. de Tocqueville, La Démocratie en Amérique, Paris 1835.

Lucien Wolff, John Keats, sa vie et ses œuvres. Thèse de l'Université de Paris 1910.

Printed by Libri Plureos GmbH
in Hamburg, Germany